Wie ein Grashalm im Wind

Aikido

– Leben auf dem Weg der Harmonie –

Volker Matthäus Maiwald

Wie ein Grashalm im Wind

Aikido – Leben auf dem Weg der Harmonie

»Wie ein Grashalm im Wind – Aikido – Leben auf dem Weg der Harmonie«
geschrieben von Volker Matthäus Maiwald, 2023

Herstellung und Verlag: Bookmundo

Titelbild: KI generiert

Bibliografische Information der Deutschen Nationalbibliothek:
Die Deutsche Nationalbibliothek verzeichnet diese Publikation in der Deutschen Nationalbibliografie; detaillierte bibliografische Daten sind im Internet unter https://dnb.d-nb.de abrufbar.

ISBN: 9789403713946

INHALT

ABBILDUNGSVERZEICHNIS

VORWORT

Aikido ist eine moderne Kampfkunst, die im Laufe des 20. Jahrhunderts in Japan entstand, geboren aus einer langen und alten Tradition von Kampfkünsten, z.B. Ju-Jutsu (nicht zu verwechseln mit der Kampfkunst des gleichen Namens, welche vornehmlich in Deutschland u.a. aus Aikido, Karate und Judo entwickelt wurde), mitunter auch Jiu-Jitsu transkribiert.

Schon in meiner Jugend hat mich das Thema Kampfkunst interessiert, aber irgendwie habe ich nie die Zeit gefunden, viel mehr genommen, mich ernsthaft darin zu üben. Besonders angetan hatte es mir aber immer auch der philosophische Aspekt, der hinter vielen Kampfkünsten steht, aber gleichzeitig irgendwie nicht greifbar ist. Erst im Erwachsenenalter habe ich mich dann entschlossen, mich aktiver mit Kampfkunst auseinanderzusetzen. Dies war getrieben von einem damals noch nicht näher verstandenen Wunsch nach einem Weg, aber auch der Möglichkeit mich wehrhaft zu verteidigen – die Notwendigkeit, hatte schon früh in meinem Leben Gestalt angenommen. So wählte ich die Kampfkunst Ju-Jutsu-Do. Dort trainierte ich einige Jahre und hatte Spaß am „Auspowern“, war aber gleichzeitig verstört von der Gewaltbereitschaft, die einige an den Tag legten, insbesondere auch einer der Trainer. Der Wunsch des Trainers uns routinemäßig beizubringen, potentiell tödliche Abschlusstechniken in Bewegungsabfolgen reflexartig einzustudieren, stieß mich vor den Kopf. Durch eine Freundin bin ich dann mit Aikido in Berührung gekommen.

Ich hatte von der Kampfkunst gehört, aber auch, dass es viele Jahre dauerte bis man damit wirklich Verteidigung erwägen kann, dass es ein langer mühevoller Weg ist. Wissend, dass ich nur eine begrenzte Zeit darin investieren kann, hatte ich während meines Studiums die Möglichkeit ausgeschlagen, Aikido zu üben. Da hatte ich nicht verstanden, dass dieser Weg gerade den Zauber von Aikido ausmacht: Dass man lange daran übt, eigentlich ein ganzes Leben und dass es ein Lebensweg, eine Einstellung, innere Haltung ist. Eine Haltung, die meinem Naturell, das an Friedfertigkeit interessiert war, geradezu passgenau entsprach.

Aikido hat mich zu Beginn frustriert. Als relativ kräftiger und klobiger Mensch war ich da scheinbar „falsch“. Zunächst wirkte es wie Esoterik, wenn von

Energie gesprochen wurde. Da sträubte sich auch mein innerer Naturwissenschaftler, denn für den ist das Wort Energie eindeutig belegt. Unglaube stahl sich ins Training und ich erinnere mich, dass ich oft dachte: Das kann ja nicht funktionieren. Aber, was ich sah und erlebte, bestätigte diese Zweifel nicht – ganz im Gegenteil. Ich sah und erlebte, dass es funktionierte.

Wenn ich versuchte mit Kraft und meiner massigen Gestalt einer Technik entgegenzutreten, wurde ich sanft aber unerbittlich eines Besseren belehrt. Meine Kraft oder Masse waren nicht nur nutzlos, denn ich konnte sie gar nicht einsetzen, weil sie gewissermaßen ins Leere ging, sondern sie wurden sogar spürbar zu meinem Verhängnis, da sie sich gegen mich wandten. Das reizte meine Neugier. Wo lag das Geheimnis? Ich hatte das große Glück zwei Lehrer zu haben, die beide sowohl geduldig als auch meine Skepsis gewähren ließen und es mir meiner Ungewandtheit zum Trotz ermöglichten, Schritt für Schritt der Kunst, dem Aiki*do*, zu folgen.

Eine Zeitlang habe ich Aikido und Ju-Jutsu-Do parallel trainiert. Ju-Jutsu-Do war für mich zunächst Zugang zur Selbstverteidigung und dem Wunsch mich auszupowern, gewissermaßen aber auch, gnadenlos mir selbst gegenüber zu sein und Aikido hatte dieses Geheimnis, das ich ergründen wollte. Von Anfang an war es aber so, dass mich an Ju-Jutsu-Do zwei Dinge verwirrten. Ich war nie ein guter Sportler gewesen, mein Beruf und meine Interessen hatten mich zu einem „Schreibtischtäter", einem „Kopfmenschen" gemacht. Dennoch gelang es im Training selbst dem Assistenztrainer regelmäßig nicht mich im In-Fight – also dem engen Nahkampf – zu Boden zu bringen. Ungläubig wurde vermutet, ich hätte schon Erfahrung in einer anderen Kampfkunst – was aber nicht der Fall war. In mir keimte da schon der Verdacht auf, dass etwas mit dieser Kampfkunst „nicht stimmen" konnte. Wenn ein völlig untrainierter, zumindest bei den durch Regeln eingeschränkten Bedingungen des Infights, ein unüberwindbares Hindernis war, was sagte dies über die Kampfkunst aus? Beim Üben des Aikido konnte ich aber erleben, dass eine richtig ausgeführte Technik jeden zu Boden bringen konnte. Egal wie stark, egal wie erfahren, egal wie groß oder schwer. Dahinter steckte auch ein Paradoxon:

Eine Aikidotechnik, die mit Zwang und Kraft ausgeführt wird, scheitert ggf. an der Stärke des anderen – oftmals frustreiche Erfahrung für mich, der gar nicht absichtlich, aber dennoch oft mit Kraft in eine Technik ging. Eine Aikidotechnik, die durchlässig, präsent, aber eben nicht gegen den anderen erfolgt, bringt andererseits jeden zu Boden – man kann es sich ein wenig so vorstellen: Der

Angreifer, Uke, muss in seinem Angriff Kraft wirken lassen (sonst erfolgt ja gar kein Angriff), der Verteidiger, Tori, entzieht ihm die Grundlage für die Kraft. Es ist als wenn sich jemand auf ein Geländer aufstützt und dieses Geländer plötzlich verschwindet – man fällt.

Schließlich fing ich an während des Ju-Jutso-Do-Trainings beim Randori, also dem freien Sparring, auch Aikidotechniken zu verwenden und hatte damit weit mehr Erfolg als mit den Ju-Jutsu-Do-Techniken. Als der Trainer dann noch meine Fragen zur Prüfungsvorbereitung ignorierte, war meine Entscheidung gefallen: Mein Studium der Kampfkünste würde sich fortan auf Aikido konzentrieren.

Ich folgte also diesem Weg. Er war häufig steinig. Oft, wenn ich dachte eine Technik gemeistert zu haben, wurde mir das Gegenteil offenbart. Nicht selten hatte ich das Gefühl gar nichts zu können. Aber es gab auch Erfolge, so dass ich am Ball blieb. Das vermeintlich Esoterische wich einem Verständnis für die Physik hinter den Aikidotechniken, so dass mein Verstand aufhörte zu behaupten, das könne ja gar nicht funktionieren. Gleichwohl bedeutete das nicht das Beherrschen der Techniken, denn da gab es noch dieses „Geheimnis", aber sie wurden ein Stück weit nahbarer, schienen nicht mehr unmöglich. Lange dauerte es, bis ich dann auch verstand, dass es gar nicht die Technik war, sondern die Konzepte wie Präsenz, Mitte, Durchlässigkeit. Gesundheitliche Probleme verzögerten meinen Weg, ebenso berufliche Einbindung, Doktorarbeit. Aber auch wenn das Training manche Zeit weniger wurde, habe ich nie aufgegeben. Dazu war es mir zu kostbar. Und egal wie müde – geistig und körperlich – ich an einem Tag war, wie gequält von inneren Dämonen, nach dem Üben ging es mir für gewöhnlich irgendwie besser.

Schließlich traf mich eine gewaltige Krise. Die Konfrontation mit mir selbst, mit Verletzungen aus meiner Vergangenheit, brachte mich nahe an den Abgrund. Ich entschied mich damals mich dem zu stellen, denn ein Verdrängen, ein „Weiter so" war nach über drei Jahrzehnten keine Option mehr. Trotz der existenziellen Not hatte ich auch da Menschen, die mir halfen. Sei es in kleinen Begegnungen, oder in großen. Neben meiner unglaublich tapferen, geduldigen und wunderbaren Ehefrau und meiner Therapeutin stand mir aber auch mein wichtigster Aikidolehrer zur Seite. Mit Verständnis, Interesse, Ermutigung und Wegweisen auf dem Weg des Aikido. In der Konfrontation mit dieser Krise wurde mir erst deutlich wie sehr ein *Do* in dieser Kampfkunst steckt. Aikido ist kein Werkzeug, keine Waffe. Es ist eine Haltung, ein inneres Empfinden, eine

Wesenheit, die es ermöglicht sich selbst zu suchen, zu finden und zu halten, es ist ein Weg hin zu einem erfüllten Leben, zu Frieden. Diese Haltung zu ergründen, zu verstehen und zu erreichen ist ein langer Prozess, der auch nie endet, aber es ist ein lohnender Prozess.

Ich war sehr ergriffen und berührt mir mein Lehrer, Rüdiger (8. Dan), den ersten Dan in Aikido verlieh. Zu diesem Zeitpunkt hatte ich schon Bücher veröffentlicht, einen Doktortitel, zahlreiche Fachvorträge gehalten, sogar Fernsehauftritte als Raumfahrtexperte hinter mir. Aber nichts war auch nur im Ansatz eine so lohnende Errungenschaft und kein erarbeiteter Erfolg hat mich je so stolz gemacht, gefreut und gerührt, wie dies. Die Anerkennung und Ermutigung meines Lehrers und die damit verbundene Aufforderung nun wirklich dem Weg des Aikido zu folgen, denn der erste Dan, der Shodan, ist nur der Anfang des Wegs im Aikido. Vielleicht, liebe Leserinnen und Leser, darf ich Ihnen ein wenig von diesem Weg erzählen?

Volker Maiwald, Bremen, Oktober 2023

EINFÜHRUNG

„Bushido lehrt nicht wie man stirbt, sondern wie man lebt."
Morihei Ueshiba, Art of Peace

Aikido setzt sich aus drei Silben der japanischen Sprache zusammen (siehe auch Abb. 1 für die Zeichen). Alleine mit der Interpretation dieses Namens, welcher die Kampfkunst bezeichnet, die O-Sensei Morihei Ueshiba entwickelte, oder vielleicht auch entdeckte, könnte man wahrscheinlich ein ganzes Buch füllen. Deswegen fällt auch die Übersetzung nicht ganz leicht. Die Schwierigkeit der Übersetzung stammt aus den verschiedenen Bedeutungsebenen, die die man wählen kann.

Zunächst einmal ergibt sich eine Bedeutung, um die Art der körperlichen Auseinandersetzung zu beschreiben um die es scheinbar, vordergründig, beim Aikido geht. Zum anderen gibt es aber auch eine Bedeutung, die sich aus dem Kampf im Hinter- oder vielleicht besser Untergrund – ergibt. Der Kampf, den der Aikidoka, der Ausübende der Kampfkunst, fortwährend bestreitet auch außerhalb des Dojos, des Übungsortes.

Wenn man sich die Bedeutung der einzelnen Silben anschaut, dann erfährt man schnell, dass Ai mit Harmonie übersetzt werden kann und Do mit Weg. Soweit so gut. Die Silbe Ki ist allerdings schon schwieriger zu übersetzen. Ki ist jenes fernöstliche Konzept, was sich nicht nur in Japan findet. Es kann Energie, Lebensenergie, Kraft usw. bedeuten (Lind, 2001), was sich aber ggf. nicht nur auf ein Individuum, sondern auf die gesamte Existenz bezieht.

Ki erhält dadurch eine regelrecht esoterisch aufgeladene Bedeutung, über die sich in einem eigenen Buch philosophieren ließe. Als Verstandsmensch, ist mir dies wenig zugänglich. Um aber bei der vordergründigen Bedeutung zu bleiben, ergibt sich so für mich als Übersetzung des Wortes Aikido: Weg der Harmonie mit der Kraft. Das grundlegendste Prinzip der Kampfkunst Aikido ist, dass man nicht Kraft gegen Kraft wirken lässt – wo dann in der Regel die Stärkeren gewinnen würden – sondern die Kraft des Gegners umlenkt und dadurch diesen zu Fall bringt, ohne ihn zu zerstören. Kraft ist hier durchaus rein physikalisch zu sehen – Masse mal Beschleunigung, man kennt es aus der Schule.

In diesem Prinzip steckt eine nicht unerhebliche Selbstbeherrschung, denn der erste Instinkt, wenn wir eine Krafteinwirkung spüren, ist es uns dieser entgegenzustellen, also gerade Kraft gegen Kraft wirken zu lassen. Zieht jemand

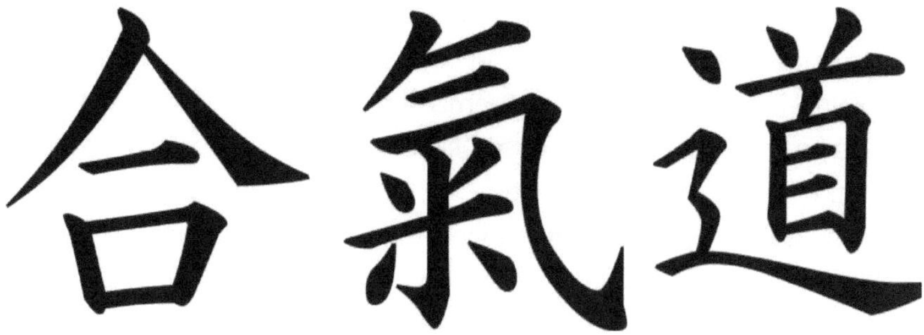

Abb. 1: Die Kanji-Schriftzeichen für Ai-Ki-Do. (Quelle: Ktoetx, gemeinfrei)

an unserem Arm, so ist es ein Reflex, dagegenzuhalten und in die andere Richtung zu ziehen. Der Aikidoka muss diesem Reflex widerstehen, wenn er erfolgreich sein will.

Aber was ist nun mit der hintergründigen Bedeutung? Als Vernunftmensch – und damit ist der Begriff Vernunft im Sinne von Ratio gemeint und es soll nicht suggeriert werden, dass Menschen, die andere Dinge glauben, unvernünftig sind, sondern lediglich verdeutlichen, dass sich für mich eine tiefere Bedeutung nicht aus dem Glauben an höhere Mächte ergibt – sehe ich darin nichts Übernatürliches, nichts Göttliches, wie es O-Sensei in seinen späteren Jahren immer wieder betont hat (Ueshiba, 2002). Aber auch so kann man *ki* dann als Energie oder Wesen der Existenz verstehen. Der Existenz von einem selbst im Zusammenspiel mit inneren und äußeren Einflüssen. Morihei Ueshiba hat hier oft von „Universum" gesprochen. Als Raumfahrtingenieur hat dieses Wort für mich eine ganz bestimmte, naturwissenschaftliche Bedeutung, die vielleicht in der nicht-östlichen Gedankenwelt auch verbreiteter ist. Daher passt für mich besser „Existenz". Es geht für mich beim Aikido daher darum, die eigene Existenz in Harmonie mit der Existenz von allem anderen zu gestalten.

Das bedeutet keinesfalls Aufgabe der eigenen Existenz oder Geringschätzung. Wer seine eigene Existenz nicht schätzt läuft Gefahr auch die anderer nicht zu achten. Die Existenz kann sichtbare und unsichtbare Elemente haben, Kämpfe, die wir oder andere im Inneren austragen beispielsweise. Die Harmonie, genau wie die involvierten Kräfte auf der körperlichen Kampfesebene, bezieht sich sowohl auf uns selbst als auch auf Äußeres. Harmonie mit uns selbst, unseren Ängsten, Bedürfnissen, Unzulänglichkeiten, die sich z.B. durch Nachsicht äußern kann, aber auch Harmonie mit dem Verhalten von anderen, z.B.

durch Abwenden oder Beenden von Konflikten. Noch einmal möchte ich betonen, dass dies niemals Unterwerfung oder Selbstaufgabe bedeutet, denn dies wäre keinesfalls harmonisch mit einem selbst oder anderen. Harmonie mit der Existenz bezieht sich aber auch ausdrücklich – so auch nach Worten von O-Sensei – nicht nur auf die menschliche Existenz, sondern allem Sein, d.h. z.B. auch Abkehr von Ausbeutung unseres Planeten oder seiner Lebewesen (Ueshiba, 2002 S. 56). Die Notwendigkeit dazu ergibt sich schon alleine daraus, dass wir Menschen ein intaktes Ökosystem benötigen, um zu überleben. Wir benötigen auch ein intaktes Sozialsystem, um gedeihen.

Diese Harmonie zu erwirken ist oft leichter gesagt als getan. Es gibt viele Störungen, die vielleicht sogar ganz unterschwellig sind und deren Einfluss wir im Alltag nicht bemerken, weil wir uns an sie gewöhnt haben, die uns aber dennoch aus dem Gleichgewicht bringen. Dies kann sich ganz genauso im Training manifestieren. Ein falscher Fokus der Wahrnehmung, etwa auf die Hand, die uns greift, verhindert, dass wir in unserer Mitte ruhen und so die Technik, das Aikido erfolgreich praktizieren können. Aber genau da liegt auch die Stärke, das Potential dieser Kampfkunst. Sie schult die Wahrnehmung und gibt uns eine Anleitung für Stabilität. Und dieses Verstehen von Stabilität, das Erfahren und Erleben kann vom Äußeren ins Innere transportiert werden und so auch innere Harmonie bescheren. Aikido wird so zu einem Weg, der uns zu uns selbst und innerem Frieden führen kann. Das bedeutet nicht, dass man mit einem Mal in Glückseligkeit schwelgt. Aikido ist ein Weg und dieser Weg endet nie. Eine Technik richtig auszuführen, bedeutet nicht, dass man sich nicht immer wieder darauf einlassen muss. Ein einmaliger Erfolg garantiert keine weiteren. Aber natürlich bewirkt die Routine eine Erleichterung der Herausforderung – so dass man sich der nächsten, größeren widmen kann.

Dieses Buch ist adressiert an alle Kampfkunst-Interessierten, die hinter Kampfkunst mehr sehen oder entdecken möchten als eine rein körperliche Aktivität, die das Herz-Kreislaufsystem in Schwung bringt. Dazu muss man nicht einmal selbst eine Kampfkunst oder Aikido betreiben, vielleicht interessieren auch nur die Gedanken zu einem Weg, der von Harmonie geprägt ist.

Es richtet sich auch an Aikidoka, die sich Gedanken zu dem *Weg*, der sich aus der Kampfkunst ergibt, machen möchten. Welche Bedeutung können die Prinzipien des Aikido für den Alltag haben, das eigene Empfinden und seelische Gleichgewicht? Dabei möchte ich mir keineswegs anmaßen, allgemeingültige

Antworten zu geben, sondern meine eigenen Antworten auf diese Fragen beschreiben, als Einladung an die Lesenden selbst darüber nachzusinnen.

Auch Menschen, die sich selbst schon auf einem besonderen oder schwierigen Weg befinden, können in diesem Buch Ansätze, Bilder und Ideen finden, die ihnen vielleicht helfen, wenn sie einen Weg beschreiten wollen, der zu mehr Harmonie, innerem Frieden führt und vielleicht darüber nachdenken Aikido oder eine andere Bewegungsform dafür als Hilfe zu verwenden.

Auch wenn ich stellenweise auf bestimmte Prinzipien und auch Techniken eingehen werde, ist dieses Buch weder dafür gedacht, Techniken zu lernen oder soll gar ein „Lehrbuch" zu sein, das man z.B. zur Prüfungsvorbereitung einsetzen kann. Dazu gibt es andere Werke, z.B. *Aikido – Lehren und Techniken des harmonischen Weges* von dem Aikidoka der ersten Stunde in Deutschland, Rolf Brand, das es inzwischen in verschiedenen Ausgaben auch für kleines Geld gibt oder aber *Aikido Grundlagen – Technik, Prinzipien, Konzeption* von Bodo Rödel (beide im Literaturverzeichnis zu finden). Alternativen bieten auch Kanäle auf bekannten Internetplattformen auf denen man viele Videos zu Techniken finden kann. Auf dem Stand meines Aikido würde ich mir gar nicht anmaßen wollen, ein "Lehrbuch" zu verfassen. Vielmehr möchte ich Einblick in das Üben des Aikido geben, was man und insbesondere auch ich regelmäßig übe und weit über das Erlernen einer Technik hinaus geht.

Anfänger können mit Hilfe dieses Buchs einen Blick darauf bekommen, was Aikido neben der reinen Technik für eine Bedeutung für sie bekommen kann, wenn sie die ersten Schritte zurückgelegt haben. Eine beispielhafte (nicht allgemeingültige) Aussicht auf mögliche Entdeckungen, die sie machen können, wenn sie selbst den Weg des Aikido beschreiten. Ein persönlicher Reisebericht sozusagen.

Zunächst werde ich etwas über Aikido als solches schreiben, seine Geschichte und Entwicklung und seine Prinzipien. Es wird auch um Begriffe gehen, die in den weiteren Gedanken immer wieder auftauchen und wesentliche Grundpfeiler des Aikido bedeuten. Alle Begriffe, die im Aikido vorkommen, erschöpfend zu erläutern, ginge über dieses Buch hinaus. Es gibt aber ein Glossar am Ende, wo die wichtigsten genannt sind.

Im nächsten Kapitel werde ich meine Erfahrung darüber, wie die Auseinandersetzung mit dem Äußeren im Aikido Einfluss auf das Innere haben kann, wiedergeben. Dass Aikido mehr ist als Krafteinsatz wie er in anderen Kampfkünsten und -sportarten oft zu finden ist.

Die folgenden fünf Kapitel setzen sich dann gezielt mit den Grundkonzepten des Aikido auseinander und welche Bedeutung sie allgemein für Harmonie haben können. Das wären Zanshin und Präsenz, Kraftumlenkung, Hara.

Darauffolgend werde ich beschreiben welche Bedeutung Aikido für mich hat, welchen Eingang es in mein Leben gefunden und warum es so eine große Relevanz bekommen hat, sozusagen in persönlicher Retrospektive zu den genannten Prinzipien. Allgemeiner wird es im vorletzten Kapitel über Durchlässigkeit und die Fähigkeit Kraft aufzunehmen und abzuleiten – womit wir dann beim Grashalm angekommen wären.

Zum Schluss möchte ich gerne über den scheinbaren Widerspruch sprechen, der sich daraus ergibt, dass eine Kampfkunst zu mehr Frieden führt und ein paar dankende Worte finden. Im Anhang finden sich das schon genannte Glossar.

Ich werde verschiedene japanische Worte verwenden, um die Aikidoka zu bezeichnen. Diese sind geschlechterunabhängig. Der Leserlichkeit geschuldet, beschränke ich mich ansonsten auf das generische Maskulinum, da mir keine elegante bessere Lösung für die Berücksichtigung der Geschlechter eingefallen ist. Daher sei hier betont, dass natürlich Aikidoka jede Geschlechtsidentität haben können. Welche dies ist, ist für das Beschreiten des Weges völlig unmaßgeblich.

WAS IST AIKIDO?

„Zeichne einen Kreis um das Zentrum eines Menschen. Innerhalb dieses Kreises liegt seine gesamte Kraft. Außerhalb des Kreises verlieren selbst die Stärksten all ihre Kraft und man kann sie mit einem Finger kontrollieren"

Morihei Ueshiba, Art of Peace

Die Bedeutung des Begriffs Aikido habe ich schon angerissen. In diesem Kapitel geht es darum, dies weiter auszubauen und anzusehen, was die Grundpfeiler dieser Kampfkunst sind, die sie letztlich zu einer Lebensphilosophie machen, statt nur eines Sports oder einem Mittel für körperliche Auseinandersetzung.

Geschichte des Aikido

Die Geschichte des Aikido ist nicht vom Lebensweg O-Senseis zu trennen. Ich denke, welche Bedeutung Morihei Ueshiba (s. Abb. 2) für die Kampfkunst, welches tiefe Verständnis er hatte, ist erst nachzuvollziehen, wenn man selbst lange Zeit eine Kampfkunst trainiert. Er schaffte es mit Worten Prinzipien des Aikido so einfach und doch komplex zu beschreiben, dass sie Klarheit und Tiefgründigkeit vereinen. Meiner Auffassung nach ist er in seinem Gebiet eine so einzigartige Person, wie z.B. in der Physik Isaac Newton oder Albert Einstein. Ein Beginn der Existenz von Aikido zu nennen, ist in meinen Augen schwierig, denn es ist die Essenz aus dem Lebensweg von O-Sensei und seines Studiums verschiedener Kampfkünste und es hat sich entwickelt und es gab nie *das* Aikido.

Morihei Ueshiba wurde 1883 in der Präfektur Wakayama in eine alte Samurai-Familie geboren (Brand, 1980 S. 16ff). Die Familienstellung und -situation machte eine Ausbildung in Kampfkünsten unausweichlich (ebenda), so dass er sowohl den unbewaffneten Kampf als auch den Schwertkampf trainierte (Westbrook, et al., 1970 S. 29), neben der Kaufmannsausbildung (Brand, 1980 S. 16ff). Das Grauen des Krieges erlebte Morihei Ueshiba im russisch-japanischen Krieg in dem er 1905 in der Mandschurei kämpfte (Dolin, et al., 1999 S. 326). Einige Jahre später siedelte er nach Hokkaido über, wo er 1911 schließlich Sokaku Takeda traf und unter ihm Aikijutsu lernte. Er wurde einer dessen bedeutendsten Schüler und schloss seine Ausbildung dort 1916 ab. Nicht weniger bedeutend war O-Senseis Begegnung mit Wanisaburo Deguchi, einem der Begründer der Omotokyo-Sekte im Jahr 1918, die sie zu langen Weggefährten durch viele Gefahren machte (Brand, 1980 S. 16ff). 1925 hatte er dann in einem Kampf eine Eingebung, dass der Wert einer Kampfkunst sich aus Liebe zu allen Lebewesen ergibt und deren Schutz – oder eben Harmonie mit allem (ebenda). Er kam zu dem Schluss, dass Kampf immer nur einen vorübergehenden Sieg zur Folge haben kann, denn Alter könnte jeden Kämpfer schwächen und somit besiegbar machen, so dass ein Sieg letztlich wertlos würde. Sieg kann es nur geben, wenn er „den eigenen Verstand, den eigenen Willen, die eigenen Gefühle" (Dolin, et al., 1999 S. 329) meint.

Zwei Jahre nach seiner Eingebung ging O-Sensei in die Hauptstadt Japans, Tokyo, wo er sein Dojo gründete und in diesem bis zum zweiten Weltkrieg unterrichtete (Westbrook, et al., 1970 S. 29). Die Zahl seiner Schüler wuchs schnell und er traf hier auch mit Kano Jigoro zusammen, dem Begründer des Judo (Stevens, 1999 S. 50ff). In der Zeit bis zum Zweiten Weltkrieg durchlief Aikido verschiedene organisatorische Entwicklungen und Morihei Ueshiba änderte auch immer wieder seinen Namen. Zunächst von ihm mit Aikijutsu benannt, dann mit Aikibujutsu, Aikibudo und schließlich als Aikido. Die Kunst vor dem Krieg war noch sehr von martialischen Techniken geprägt (Lind, 2001 S. 35ff), was man auch an den Strömungen des Aikido, den Stilrichtungen seiner frühen Schüler bemerkt. Erst im Zweiten Weltkrieg wandelte sich der Stil zu einem immer friedvolleren. (Lind, 2001 S. 35ff)

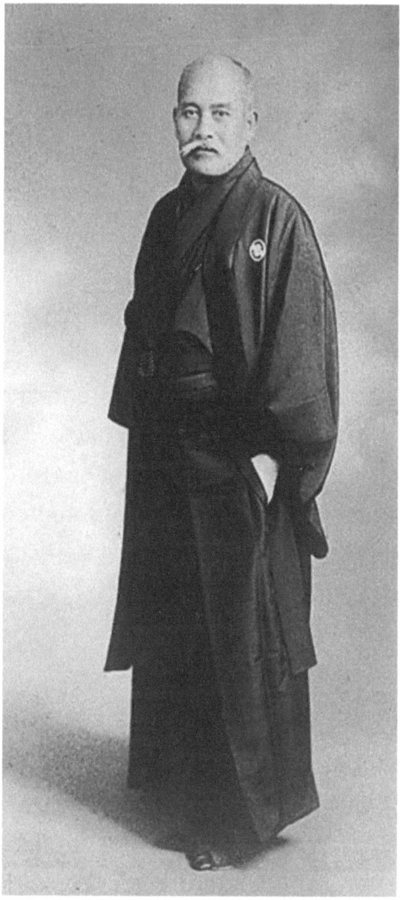

Abb. 2: O-Sensei Morihei Ueshiba im Jahre 1938., ca. 55 Jahren alt. (gemeinfrei)

Eine Folge des Krieges war allerdings, dass Schüler ihn verließen (Westbrook, et al., 1970 S. 29) und Morihei Ueshiba selbst kehrte 1942 Tokyo den Rücken, um in Iwama eine neue Schule zu gründen – die Leitung des Dojos in Tokyo überließ er seinem Sohn. 1948 beschloss er Aikido einer breiten Öffentlichkeit zugänglich zu machen, als friedvollen Weg, und die Aikikai wurde gegründet, die Stiftung, die auch heute noch Aikido maßgeblich in der Welt vertritt und verbreitet. (ebenda)

Morihei Ueshiba selbst blieb in Iwama. Seine Schüler gingen aber letztlich auch in die ganze Welt und verbreiteten Aikido. 1969 starb O-Sensei schließlich.

Die Veränderung der Schwerpunkte des Aikido im Laufe seiner Entwicklung und je nach Zeitpunkt zu dem sie unter O-Sensei lernten, führten dazu, dass seine wichtigsten und fähigsten Schüler eigene Stilrichtungen herausprägten. Das Aikijutsu hat seine Ursprünge im 11. Jahrhundert (Dolin, et al., 1999 S. 329) und die teils sehr scharfen und brutalen Techniken dieser Kampfkunst finden sich vor allem in frühen Stilen des Aikido. In späteren Stilen traten z.B. Schlagtechniken, Atemi, immer mehr in den Hintergrund. Tomiki Aikido (auch als Shodokan Aikido bekannt) ist sehr von Judo beeinflusst und enthält auch Wettkämpfe – ein Aspekt der in anderen Aikidostilen nicht vorkommt, da es ja um den eigenen, inneren Kampf geht. Korindo Aikido betont den Selbstverteidigungsaspekt sehr, ebenso wie Yoshinkan Aikido, was u.a. von der Polizei Tokyos seit vielen Jahrzehnten trainiert wird. Der Iwama-Stil verbindet die waffenlosen Techniken sehr mit den Waffentechniken des Aikido, um Bewegungsabläufe zu üben und basiert auf dem Aikido, das O-Sensei nach seiner Zeit in Tokyo lehrte.

Heute wird Aikido auf der ganzen Welt unterrichtet und praktiziert. Alleine in Deutschland existieren mehrere Verbände, z.B. Aikikai Deutschland, der Deutsche Aikido Bund, der Bund Deutscher Aikidolehrer oder die Aikido Föderation Deutschland.

Die Prinzipien des Aikido

Das wichtigste Prinzip des Aikido ist die Abkehr vom Kampf. In der ersten Bedeutung bezieht sich dies auf die körperliche Ebene. Ist eine Konfrontation unausweichlich, so ermöglicht Aikido eine Auseinandersetzung mit dem Konflikt, die nicht konfrontativ, destruktiv ist. Ein Aufeinandertreffen der jeweiligen Kräfte wird durch Ausweichbewegungen verhindert, aktiv. Dies geschieht auf verschiedene Weise. Einerseits wird die vom Angreifer, Uke genannt, von außen eindringende Kraft aufgenommen, andererseits bewegt sich derjenige, der die

Aikidotechnik ausführt, Tori genannt, von der Linie weg in der Uke seine angreifende Kraft einbringt. Für beide ist es essentiell, dass sie „hinter" ihrer Kraft, stehen, d.h. ihr Zentrum, ihre Mitte, so positioniert ist, dass die Kraft vom ganzen Körper ausgeht und nicht nur z.B. aus einzelnen Gliedmaßen. Toris Ziel ist es, das Zentrum von Uke zu bewegen – typischerweise in Richtung Boden, zumindest am Ende der Technik.

Man kann sich dies so vorstellen. Wenn man z.B. versucht ein Auto anzuschieben, dann positioniert man Arme und Beine sowie das Zentrum des Körpers in einer Linie, um möglichst effektiv die Kraft aufbringen zu können. Würde man versuchen z.B. mit einem zur Seite ausgestreckten Arm ein Auto anzuschieben, während man neben dem Auto steht, würde das wohl bei allen außer bei den stärksten Menschen kläglich scheitern. Daher werden sowohl Tori als auch Uke – instinktiv – versuchen jeweils hinter ihrer Kraft zu bleiben.

Aikido basiert nun darauf rechtzeitig selbst aus dieser Richtung von Uke herauszutreten und gleichzeitig seine eigene Mitte, d.h. Stabilität nicht zu verlieren. So kann Ukes Kraft gelenkt werden und darüber auch Uke selbst. Die Kraft wird aufgenommen und in eine Richtung gebracht, die letztlich dazu führt, dass Uke nicht mehr stabil stehen kann und z.B. fällt. Man zieht ihm wie oben erwähnt das Geländer weg auf das er sich stützt. Physikalisch bedeutet dies eine Auslenken des Schwerpunkts in einen Bereich, der von den Beinen in Kombination mit Muskelspannung nicht mehr gestützt werden kann.

Aikido zielt darauf ab, einen Angriff abzuwehren, aber nicht die Angreifenden zu zerstören. Dies gilt insbesondere natürlich während des Übens. So kommt es darauf an, genau wahrzunehmen, welcher Bewegung Uke noch folgen kann. Dies erfordert Aufmerksamkeit den Uke gegenüber – nicht mit allen Uke kann die Ausführung einer Technik auf die gleiche Weise erfolgen. Dies wiederum fordert und schult die eigene Aufmerksamkeit. Die Umlenkung der Kraft erfolgt typischerweise in kreisförmigen Bewegungen, die mal auslandend sein können, aber mitunter auch im Grunde im Inneren stattfinden und kaum sichtbar sind.

Voraussetzung für diese Aufmerksamkeit und das Umlenken, aber auch, um als Uke richtig reagieren zu können, benötigt es Durchlässigkeit. Das bedeutet, dass man nicht starr wird, sondern Kräfte durch seinen Körper gehen lässt und entsprechend reagiert, mit einer Haltungsänderung oder z.B. dem kontrollierten Fallen. Dies bedeutet nicht erschlaffen oder gehorsames Nachgeben – dies wäre im Zweifel fatal. Es bedeutet, dass man eine Kraft aufnehmen kann. Würde man in einem Kampf mit Steifheit reagieren, könnte dies z.B. schnell zu

Knochenbrüchen führen. Uke nimmt also die Kraft auf, spürt was passiert und reagiert entsprechend, um sich selbst zu schützen – auch wenn beim Üben natürlich in der Regel keine echte Gefahr besteht. Die einzigen Verletzungen, die ich mir bisher beim Training von Aikido je zugezogen habe, waren überdehnte Zehen – über die ich selbst gestolpert bin. Diese Durchlässigkeit üben sowohl Tori als auch Uke. Beide schulen ihre Aufmerksamkeit, ihre Wahrnehmung, ihr Gespür für die jeweils anderen und auch sich selbst.

Letztlich geht es beim Aikido nicht darum jemand anderen zu besiegen, sondern, sich selbst. Es geht um innere Ruhe, ggf. die eigene Vergänglichkeit zu akzeptieren und so einen Angriff gelassen entgegenzusehen, statt mit Kraft darauf zu reagieren.

Konzepte und Begrifflichkeiten

Im Folgenden seien ein paar Begrifflichkeiten erklärt, die immer wieder in den weiteren Diskussionen vorkommen werden. Es wird im weiteren Verlauf längere Auseinandersetzungen mit den Konzepten geben, aber es mag hilfreich für die Orientierung sein, die Begriffe zuvor einmal definiert zu haben.

Ich fange mit dem für mich wichtigsten Begriff an: Zanshin. Zanschin kann man mit Präsenz, Aufmerksamkeit (Lind, 2001 S. 695f) und innerer Haltung übersetzen – in dieser Bedeutung in der es für mich im Aikido wichtig ist. Dieses Konzept bedeutet, dass man insgesamt, aufmerksam in dem jeweiligen Moment ist. Klar und mit einer präzisen Vorstellung, was man tun möchte und dies auch tut. Je klarer diese Vorstellung ist, umso natürlicher kann die Bewegung sein, unbeeinflusst von den äußeren Kräften, die durch Uke einwirken. Zanshin sollte während der gesamten Übung aufrechterhalten werden – was natürlich zu Beginn schwierig ist. Daher ist es aber wichtig, dass man z.B. bei einem Misslingen einer Technik nicht aus der Präsenz im Moment herausfällt und abbricht. Oder sich z.B. ärgert (und natürlich ist mir dies oft genug passiert). Die Präsenz bleibt erhalten. Auch wenn Uke z.B. geworfen wurde, bleibt die Aufmerksamkeit bestehen, z.B. ausgedrückt darin, dass die Haltung, Kamae, beibehalten wird für einen Moment, bevor man sich in die Ausgangsposition begibt. Man bleibt aber stets bereit für die nächste Attacke. (ebenda)

Dies ist nicht zu verwechseln mit Konzentration, denn dies würde den Fokus auf einen Punkt bedeuten und genau das ist Zanshin nicht. Zanshin bedeutet eine Offenheit – ansonsten versteift man sich auf einen Punkt, z.B. auf den Kontaktpunkt mit Uke.

Der Kontakt ist der Punkt über den man mit Uke „kommuniziert". Tori spürt hier die Kraft von Uke und kann sie somit umlenken. Diese Verbindung zwischen Tori und Uke wird Musubi genannt. Uke wiederum spürt, was passiert und kann sich entsprechend ausrichten, um weiterhin sein Zentrum hinter seine Kraft zu halten. Ansonsten könnte er Tori nicht mehr erfolgreich angreifen, was wiederum bedeutet, dass Tori Uke angreifen könnte (was im Aikido nicht passiert, aber dies ist eine Entscheidung Toris). Die Durchlässigkeit Toris ist notwendig, damit er die Wahrnehmung im Kontakt nutzen kann, um zu erfahren, was eigentlich passiert, wie Ukes Kraft auf ihn wirkt, bzw. versucht zu wirken und wohin er Uke lenken kann.

Maai ist der korrekte Abstand oder Zwischenraum zwischen Uke und Tori, der für die jeweiligen Paare und Techniken stimmen muss, räumlich aber auch zeitlich (Lind, 2001 S. 385) und kann frei mit „passendes Intervall" übersetzt werden. Mit Übung wird Maai immer passender eingenommen – die meisten schaffen es für gewöhnlich ein Glas Wasser zu ergreifen und genauso wird auch die richtige Entfernung routinierter erfasst beim Aikido, je mehr man übt. Maai hat aber auch eine zeitliche Komponente, denn man Abstand muss zum richtigen Zeitpunkt passend sein und verändert sich, je nachdem wo in einer Technik man ist (ebenda).

Dann gibt es noch den Begriff Hara, welcher wörtlich den Bauch meint, aber eigentlich die Mitte des ganzen Menschen, seelisch und körperlich (Lind, 2001 S. 203f). Kulturell verortet man in der japanischen oder fernöstlichen Tradition dort den Sitz der Lebensenergie, des Ki (Rödel, 2014 S. 22). Für mich persönlich ist die Bezeichnung "Zentrum" eingängiger. Meine Aufmerksamkeit ist in meinem Zentrum, aber ein Zentrum ist nie ohne Verbindung zu dem, was es umgibt (sonst wäre es nicht Zentrum von etwas). Ein Stadtzentrum beispielsweise existierte gar nicht, gäbe es keine Stadt. Mechanisch würde sich auch die Bedeutung von Schwerpunkt anbieten, dies würde aber die geistige Bedeutung vernachlässigen, was aufgrund der Relevanz der Wahrnehmung beim Aikido nicht aus meiner Sicht nicht ausreichen würde und auch den geistigen Aspekt vernachlässigen würde.

Etikette im Aikido und Trainingsablauf

Die wichtigste Grundlage für das Praktizieren von Aikido ist der Respekt zueinander, aber auch zu einem selbst (damit man geistig in sich ruhen kann, im Hara). Dies bedeutet gegenseitige Rücksicht; man stellt sich auf Uke oder Tori ein. Man achtet aufeinander, um Verletzungen zu vermeiden. Sie kommen natürlich vor. Man stolpert, ein Handgriff sitzt nicht richtig, man ist einen Moment abgelenkt – also entschuldigt man sich und versucht aufmerksamer zu sein. Alle kommen mit ihrem eigenen Bündel zum Training, das man auch nicht immer so leicht loslassen kann, wie man es vielleicht gerne würde. Auch darauf sollte man Rücksicht nehmen. Jede oder jeder Aikidoka geht in seinem Tempo den Weg. Gleichsam ist es eine Frage des Respekts aufmerksam zu sein, bemüht zu üben und das Training nicht zu stören.

Trainiert wird üblicherweise im Gi, also einer Jacke, wie man sie z.B. auch aus Judo kennt und der passenden Hose, beide weiß. Im Aikido gibt es (natürlich mit Ausnahmen) nur weiße und schwarze Gürtel, da es nicht um Wettstreit oder Konkurrenz geht. Weiß trägt man, wenn man die Grundlagen übt, in den Kyu-Graden und schwarz trägt man in den Dan-Graden. Der erste Dan bedeutet bei weitem keine "Meisterschaft", sondern, dass man die Prinzipien des Aikido übt, während zuvor die Techniken im Vordergrund stehen. Ein wenig wie die Handgriffe bei einem Musikinstrument oder Vokabeln und Grammatik bei einer Sprache. Mit dem Dan fängt man dann das freie Musizieren oder Schreiben an. Im Training haben die Graduierungen aber in der Regel keine Auswirkungen, es wird gemischt trainiert, denn jeder trainiert ja auch für sich an den Dingen, die gerade für die eigene Entwicklung wichtig sind.

Dan-Grade tragen dann noch einen blauen oder schwarzen Hakama, d.h. einen traditionellen, japanischen Hosenrock. Bei Kyu-Graden ist dies wenn überhaupt erst in den hohen Graden üblich, bzw. nicht einmal das. Das erlaubt den leichteren Blick auf die Beinarbeit der weniger erfahrenen Schüler.

Betritt man das Dojo wird sich typischerweise kurz im Stehen verbeugt. Es ist eine Frage des Respekts den Anwesenden aber auch O-Sensei gegenüber. Diese Verbeugung erfolgt in Richtung des Shomen, also die Stirnseite des Dojos. Dort befindet sich typischerweise ein Bild von Morihei Ueshiba und andere wichtige Elemente, z.B. Schwerter. Am Eingang werden die Schuhe ausgezogen und man zieht Hausschuhe an, häufig Zoris, also japanische Sandalen. Dies dient der Hygiene, auf die man natürlich bei einem körperbetonten Üben wie im Aikido immer besonders achten sollte. Nachdem man sich umgezogen hat, betritt man nach einer weiteren Verbeugung die Matte, wobei die Zoris am Mattenrand zurückgelassen werden.

Zu Beginn des Trainings wird sich in einer Reihe im Seiza gesetzt, also im Kniesitz. Man kniet, ruht dabei auf den Fersen, die Füße sind nicht aufgestellt. Die Knie sind bei Männern leicht auseinandergespreizt.

Der Lehrer positioniert sich nach dem Betreten der Matte auf der Stirnseite und es folgt eine kurze Meditation. Danach noch einmal die Verbeugung in Richtung Shomen und dann eine Verbeugung zum Lehrer, bzw. von diesem zu den Schülern. Es folgt das Training.

Das Training beginnt mit Atemübungen, Dehnen und Warmwerden. Oft wird noch Ukemi geübt, also die Fallschule. Richtiges Fallen, abrollen dient der Vermeidung von Verletzungen. Dann wird das Training technischer, d.h. bestimmte Techniken werden, oft einem Thema mit Zusammenhang folgend, geübt. Dies geschieht in Paaren. So lernt man sich auch auf andere Ukes und Toris einzustellen. Vor Beginn der Übung wird wieder mit einer Verbeugung Respekt gezollt: eine Versicherung des gegenseitigen Achtens und der Sorgfalt, aber auch Dankbarkeit, dass einem die andere Person zum Üben zur Verfügung steht.

Mitunter gibt es am Ende des Trainings noch ein wenig Randori oder Jiyu-Waza, d.h. eher freier Kampf, wo z.B. ein Angriff festgelegt wird (aber nicht immer) und man mit den gekonnten Techniken frei reagiert. Dies erfordert eine gute Spontanität des Toris, aber ebenso hohe Aufmerksamkeit, also Zanshin. Die Ukes kommen dann oft aus verschiedenen Richtungen, die Angriffe sind ggf. verschieden, so dass man spontan reagieren muss. Zum Abschluss erfolgt dann dieselbe Zeremonie wie beim Begrüßen, bevor man wieder mit Verbeugung Matte und dann Dojo verlässt.

Diese komplexe Etikette mögen erst einmal antiquiert oder zumindest ungewohnt wirken. Es handelt sich um eine kulturelle Eigenschaft in Japan, dass Respekt, insbesondere vor Autoritätspersonen sehr großen Stellenwert hat und deswegen so auch zum Ausdruck gebracht wird. Mir persönlich helfen diese Abläufe aber auch, meinen Alltag hinter mir zu lassen und in den richtigen Geisteszustand für das Training zu kommen, bzw. zu bleiben.

VON DER MECHANIK ZUM INNEREN WEG

„Der wahre Krieger lernt wie man die Aktivität des Universums richtig wahrnimmt und wie man die Kriegstechniken in Mittel der Reinheit, Güte und Schönheit verwandelt."

Morihei Ueshiba, Art of Peace

Wie schon beschrieben, gibt es beim Aikido eine äußere Ebene, die durch den äußeren Konflikt zwischen Uke und Tori definiert ist. Als Werkzeug, um den Umgang damit zu lernen und diesen äußeren Konflikt in das Innere zu transportieren dienen die verschiedenen Techniken des Aikido, wie z.B. Kote-Gaeshi oder Irimi Nage.

Zu Beginn des eigenen Aikidotrainings steht das Erlernen der Technik im Vordergrund. Banal gesagt, muss man erst einmal die richtigen Schritte und Handgriffe lernen. Fließende Bewegungen sind da noch schwierig; sie kommen erst mit der Zeit, je vertrauter man mit den Techniken wird. In der Einführung habe ich erzählt, dass zu Beginn meines Trainings die Prinzipien hinter den Techniken nicht sehr eingängig fand und es hat eine ganze Zeit gedauert, bis ich die Physik dahinter verstand. Um die Technik auszuführen ist es nicht notwendig, die zugrundeliegende Physik zu verstehen, aber ich denke, sie kann dabei helfen auch die Prinzipien hinter dem Aikido begreifbar zu machen und Technikausführung erleichtern. Insbesondere kann es so einfacher werden typische Fehler zu vermeiden, z.B. eben doch Kraft gegen Kraft einzusetzen oder es sogar zu wollen. Und es hilft ggf. solchen rationalen Menschen wie mir, die alles gerne analytisch statt nur instinktiv verstehen wollen.

Ich möchte daher zu Beginn etwas über die Physik, genau genommen das Gebiet der Mechanik erklären. Als Ingenieur ist dies zwar ein wesentlicher Teil meines Fachgebiets, wenn auch nicht meiner alltäglichen Arbeit, aber ich fand es darüber hinaus stets sehr spannend – und immer noch – wie sie sich durch die Biomechanik des Menschen auch im Aikido manifestiert. Dies gilt tatsächlich auch für die meisten anderen Kampfkünste, denn die menschliche Anatomie ist ja unabhängig von der Kampfkunst. Es gibt aber wesentliche Unterschiede, welche physikalischen Gesetzmäßigkeiten beim Aikido eingesetzt werden und welche beispielsweise beim Ju-Jutsu-Do. Viele Techniken, wie z.B. Shihonage (s. Abb. 3) oder Kote-Gaeshi kann man als Hebel ausführen und so ist auch ihre ursprüngliche Herkunft zu erklären. Beim Aikido werden sie aber gerade nicht als Hebel ausgeführt, nicht im mechanischen Sinne, denn dies würde Einsatz von Kraft bedeuten. Wie dies stattdessen passiert und warum dies ein wesentlicher Unterschied ist, möchte ich im Folgenden beschreiben.

Fachwerke, Stäbe und Balken

Um die Kräfte in einem Menschen zu beschreiben, insbesondere, wenn man die Arme betrachtet, kann man sich des Modells eines sogenannten Fachwerks bedienen. Fachwerke kennt jeder. Einmal von Fachwerkhäusern, aber noch häufiger sehen wir z.B. Strommasten und auch den Eiffelturm ist wohl den meisten Menschen ein Begriff. Ein Fachwerk ist dadurch gekennzeichnet, dass es aus sogenannten Stäben besteht, die durch Gelenke verbunden sind. Diese Gelenke machen das Fachwerk insofern beweglich, dass es nicht starr ist, sondern auf

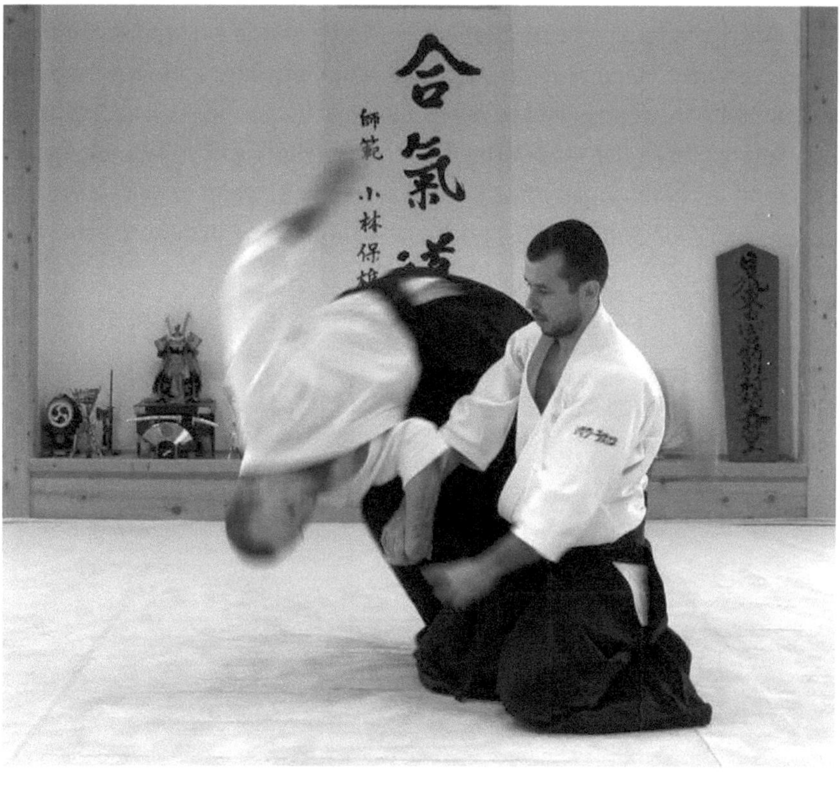

Abb. 3: Sensei Lazló Bák (6. Dan) wirft Uke mit einem Shihonage, wobei die Kraftrichtung hier in Richtung des rechten Arms von Tori zeigt. (Quelle: Magyar Balázs, CC BY-SA 3.0 lizensiert, https://creativecommons.org/licenses/by-sa/3.0/deed.de, Bildausschnitt verkleinert, farblos)

Krafteinwirkungen reagieren kann. Ein Stab wiederum kann aber nur Kräfte längs seiner Achse aufnehmen, sogenannte Stabkräfte, Normalkräfte (normal, also senkrecht zum Querschnitt eines Stabes) oder Längskräfte. Kraftanteile senkrecht zur Stabachse kann ein einzelner Stab nicht aufnehmen; er würde dem durch das Gelenk ausweichen. Über die Gelenke kann man aber auch mehrere Stäbe miteinander verbinden, um verschiedene Kraftrichtungen abzudecken – so entstehen Fachwerke, die z.B. gegen Windkräfte, Gewichtskraft und weitere Einflüsse gewappnet sind. Ein Beispiel für ein einfaches Fachwerk ist auf der linken Seite in Abb. 4 gegeben. Die beiden Stäbe sind mit einem Gelenk untereinander und mit den Lagern verbunden und durch eine Kraft *F* belastet. Schaut man sich z.B. das oberste Gelenk an, kann man die dort angreifenden Kräfte berechnen. Dies geschieht durch die Kenntnis der äußeren Kraft und der Tatsache, dass sich die Kräfte gemäß des bekannten Grundsatzes Actio gleich Reactio gerade ausgleichen müssen.

Eine Kraft, die senkrecht zur Stabachse wirkte, würde ein Moment erzeugen, welches von dem Hebelarm abhängt. Wie schon erwähnt kann ein Stab dieses nicht aufnehmen, denn er ist im Gelenk beweglich. Um eine solche Situation zu modellieren, gibt es das Modell des Balkens, welcher nicht vollständig gelenkig gelagert ist. Er kann sogar vollständig fest sein, z.B. wenn er auf einer Seite in eine Wand eingelassen ist (dies nennt man Kragbalken). In diesem Fall wird der

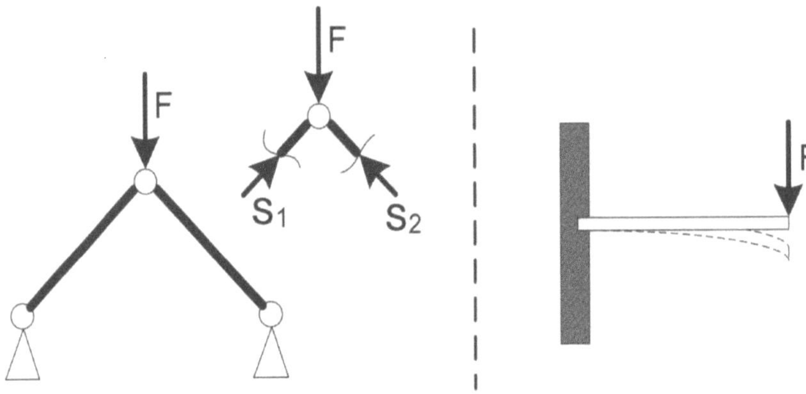

Abb. 4: Links: Ein einfaches Fachwerk mit zwei Stäben, drei Gelenken (Kreise) und zwei Lagern (Dreiecke). Es wirkt eine Kraft *F* auf eines der Gelenke. Im Freischnitt sind die Kräfte, die auf das Gelenk wirken zu sehen: S_1 und S_2 sind die beiden Stabkräfte, die in die jeweilige Stabrichtung zeigen und deren vertikale Kraftanteile zusammen *F* (Actio = Reactio) ergeben und deren horizontale Anteile sich jeweils ausgleichen. Rechts: Ein Beispiel eines Kragbalkens auf den eine Kraft *F* wirkt mit angedeuteter Verformung. Im gesamten Balken (nicht eingezeichnet) wirkt eine Querkraft entgegen *F* (ansonsten würde sich der Balken nach unten bewegen).

Balken einem Moment ausgesetzt, erlebt Querkräfte (entgegen der senkrechten zu seiner Achse wirkenden Kräfte) und wird sich verformen, nämlich, je nach Art der Belastung und Material, durchbiegen. Ein Beispiel dafür ist auf der rechten Seite von Abb. 4 zu sehen.

Man stelle sich nun einmal einen Arm vor. Dieser hat am Ellenbogen ein Gelenk und ist über das Schultergelenk mit dem restlichen Körper verbunden, stellt also ein sehr einfaches Fachwerk, bzw. Teil davon dar. Natürlich verfügt ein Arm, bzw. der ganze Körper auch noch über verschiedene Muskeln, die auch Momente aufbringen, bzw. aufnehmen können. Mit dieser Betrachtung haben wir dann einen Balken – solange die Muskeln, bzw. Muskelkraft wirken kann.

Die Physik des Aikido

Wenn Aikido bedeutet, Kraft nicht gegen Kraft einzusetzen, dann scheidet das Modell des Balkens aus. Ansonsten wirkte ja hier gerade Kraft gegen Kraft, nämlich mit der durch Muskeln erzeugten Querkraft. Eine Hebeltechnik in einer Kampfkunst wirkt über den Hebelarm mal der Kraft, die man aufbringt, also ein Moment. Dagegen wirkt aber die Muskelkraft des Gegners, die ein Gegenmoment erzeugt. Es kommt also darauf an, wer stärker ist. Natürlich spielen auch Schnelligkeit, bzw. Reaktionsvermögen eine Rolle und typischerweise werden Hebel so angesetzt, dass der eigene Hebelarm so gut ist, dass das Moment nicht unerheblich ist. Es kann dabei aber auch zu Brüchen kommen, wenn die aufgebrachte Kraft, bzw. das wirkende Moment, die Festigkeit der Knochen übersteigt und der Gegner dem nicht schnell genug durch eine Falltechnik entgehen kann.

Zusammenfassend heißt das, dass ein Hebel der Idee Kraft nicht gegen Kraft wirken zu lassen, völlig widerspricht. Eine Aikidotechnik kann also kein Hebel sein und ist es auch nicht – auch wenn es in anderen Kampfkünsten die scheinbar gleichen Techniken gibt, die dann als Hebel ausgeführt werden. Aber was ist dann das Konzept des Aikido? Das zuvor beschriebene Fachwerk.

Das Beispiel in Abb. 4 könnte z.B. zwei Beine symbolisieren (auch wenn realistisch jeweils noch ein Gelenk in der Beinmitte wäre) und die Lager die Füße – zumindest, wenn wir sie so annehmen, dass sie in der Horizontalen beweglich sind, also Gleitlager. Die Kraft wäre dann die Gewichtskraft des restlichen Körpers, die auf das oberste Gelenk, hier die Hüfte symbolisierend, wirkt. Lenkt man den Körper von Uke nun so aus, dass der Schwerpunkt nicht mehr über den Füßen liegt, fällt Uke und zwar weil Ukes Schwerpunkt (Hara) bewegt wird, ohne dass Uke dem etwas entgegensetzen kann, da Uke ausgelenkt ist. Man könnte dasselbe mit Kraft erreichen, aber dann käme es darauf an, mehr Kraft als Uke zu haben. Durch Hebel, oder Schnelligkeit kann dies gelingen, aber eben nicht immer. Ist die Kraft des Gegners aber aufgrund der Ausführungsweise der Technik wirkungslos, scheitert es nie daran, dass Tori nicht stark genug wäre. Natürlich kann man dann daran scheitern, dass man die Ausführung nicht richtig macht – aber das zu vermeiden ist gerade das, was man im Aikido übt.

Nun ist ein Mensch aber beweglich und kann deswegen seine Gliedmaßen so bewegen, dass dies nicht passiert, bzw. Kraft eben durch das Fachwerk zum Boden gelenkt werden kann. Deswegen brauchen wir im Aikido Techniken, um die Gelenke zu blockieren, bzw. so auszurichten, dass sie nicht mehr wirken können – denn anders als in dem Beispiel des Fachwerks funktionieren unsere Gelenke immer nur in eine Richtung. Ist das erreicht, kann Uke sich nicht mehr so positionieren, dass seine Kraft, sein Zentrum und Tori eine Linie bilden. Die Kraft von Uke wird durch Tori lenkbar und dann so ausgerichtet, dass Uke fällt. Die vermeintlichen Hebel, die man im Aikido verwendet, sind lediglich Blockaden der Gelenke. Die Position von Ukes rechtem Ellenbogen in Abb. 3 blockiert dieses Gelenk und verhindert so, dass Uke sich auf eine Weise positionieren kann, um der Kraft, die Tori ausübt, hier in Richtung seins rechten Armes, etwas entgegen zu setzen.

Wenn man sich vorstellt, Uke greift Katate-dori Gyaku-Hanmi an, d.h. Uke und Tori stehen sich gegenüber und haben die jeweils sich gegenüberliegenden Beine vorne und Uke greift nach dem Handgelenk von Tori, was auf der gleichen Seite ist, wie das vordere Bein (z.B. Tori hat das linke Bein vorne, Uke das rechte und greift mit der rechten Hand nach Toris linker Hand). Uke versucht Tori zu kontrollieren. Bringt Tori nun Ukes Ellenbogen, z.B. durch eine Armbewegung des anderen Arms, zum Einknicken, ist Ukes Kraftlinie gestört – der Kontaktpunkt, Ukes Zentrum und Arm (und damit Kraftrichtung) bilden keine Linie mehr. Tori kann nun z.B. Ikkyo ausführen.

Oftmals ist Toris Bewegung ein Abrollen am Kontaktpunkt, bzw. Ukes Kraft. Dies bedeutet, dass der Kontaktpunkt relativ zu Uke nicht bewegt wird, also z.B. das Handgelenk, wenn Uke dieses greift. Bewegungen von Tori ändern nur dessen Ausrichtung zum Kontaktpunkt. So wird erzeugt, dass Kraft nicht gegen Kraft wirkt. Man kann sich dies so vorstellen:

Wenn ich einen Stuhl umkippen will, dann kann ich das nicht in dem ich auf ihn drücke – dabei wirkte meine Kraft gegen die der Stuhlbeine, die den Stuhl abstützen (so wie sich z.B. Uke gegen eine Kraft stemmen kann, die Tori auf ihn ausüben würde). Ich kann den Stuhl aber umkippen in dem ich eine horizontale Kraft auf ihn ausübe und dabei über die Füße des Stuhls den Stuhl abrolle. Dann reicht selbst eine sehr geringe Kraft aus, um den Stuhl zum Umkippen zu bringen. Wenn man draufsitzt, würde man das "Kippeln" nennen. Ist der Schwerpunkt dabei weit genug ausgelenkt, wird der Stuhl umkippen. Genau diesen Effekt möchte man als Tori erzeugen – man sitzt dabei aber in der Regel natürlich nicht auf Uke.

Kraft gegen Kraft zu verwenden, wird vor allem dadurch verhindert, dass man alle Gliedmaßen mit dem Körper integriert hält, d.h. es wird sich insgesamt bewegt und nicht z.B. am Arm gezogen. Diese Bewegung erfordert eine korrekte „Lagerung“ und die korrekte Position des eigenen Zentrums, um hinter der eigenen Kraft zu sein. Möchte man sich drehen, muss diese Drehung um die eigene Achse stattfinden, d.h. dass man den Arm an dem Uke festhält, so hält, dass er in Drehrichtung weist. So zieht man nicht an Ukes Arm mit seinem eigenen in einer Weise, bei der Armkraft gegen Armkraft wirkt. Dies ist beispielhaft in Abb. 5 skizziert.

Links ist Tori zu sehen, der eine Drehbewegung ausführt und seine Arme so ausgerichtet hat, dass der Arm, den Uke hält, in Drehrichtung bewegt. So ist Tori vollständig integriert und kann mit der Bewegung seines Zentrums Uke bewegen. Rechts im Bild ist das Negativbeispiel zu sehen. Tori versucht lediglich mit einer Bewegung des Arms, eine Bewegung von Uke zu erzwingen und ist nicht integriert. Hier wird es einen Kampf zwischen der Kraft von Uke und Tori geben. Die integrierte Haltung ist hier sehr ähnlich zu der Haltung wie bei einem

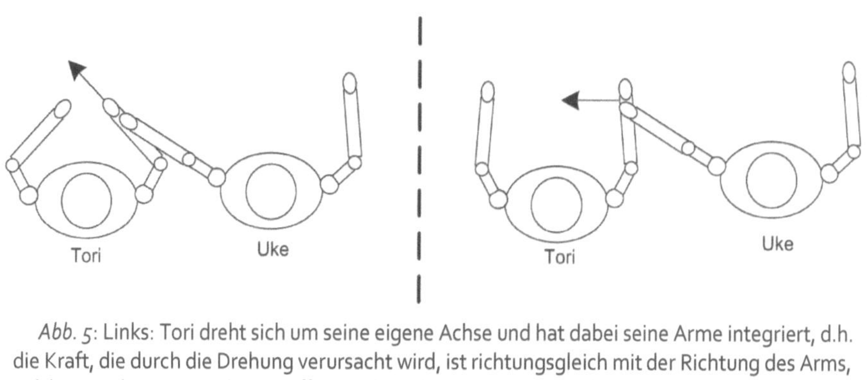

Abb. 5: Links: Tori dreht sich um seine eigene Achse und hat dabei seine Arme integriert, d.h. die Kraft, die durch die Drehung verursacht wird, ist richtungsgleich mit der Richtung des Arms, welcher wiederum von Uke gegriffen wird. Rechts: Toris Arme sind nicht integriert, sondern Tori versucht mit einer seitlich ziehenden Armbewegung Uke zu bewegen. Hier kommt es nun darauf an, wer stärker ist. Es wirkt Kraft gegen Kraft.

Liegestütz oder als wenn man z.B. einen Ball zwischen beiden Händen halten würde.

Generell kann man natürlich fragen, wieso lässt z.B. Uke in den genannten Beispielen, z.B. Katatedori Gyaku-Hanmi nicht einfach los? Dies geht nicht, denn dann wurde Uke auf jeden Fall die Kontrolle über Tori verlieren, dessen Hand frei würde, um z.B. zuzuschlagen (was im Aikido nicht passieren würde, dafür würde man aber ggf. eine andere Technik ausführen). Es gibt natürlich auch Ausführungen, bzw. Techniken bei denen Tori Uke greift.

Von der Physik zur Wahrnehmung

Die Physik hinter dem Aikido ist tatsächlich relativ simpel und das ist im Grunde das Geheimnis. Das aus meiner Sicht grundlegendste Konzept von Aikido ist, dass es nicht darum geht Techniken zu lernen, sondern ganz rudimentäre Prinzipien. Die Techniken dienen dazu und es ist schwierig diese Prinzipien zu erfassen. Die Prinzipien selbst sind aber sehr einfach und nicht komplex im Sinne der Biomechanik. In vielen alltäglichen Dingen setzen wir diese Bewegungsprinzipien um, ohne uns ablenken zu lassen oder darüber nachzudenken. Im Kampf, wenn wir z.B. gegriffen werden, neigen wir aber dazu uns von diesen Kontaktpunkten ablenken zu lassen. Die Aufmerksamkeit wird zu Konzentration auf diesen Punkt, was das zuvor beschriebene Integrieren erschwert. Plötzlich zieht man mit der Hand statt sich mit dem gesamten Körper zu bewegen.

Im Kampf, bzw. Üben der Kampfkunst neigt man dazu, sich auf den Kontaktpunkt, z.B. wo Uke greift, zu konzentrieren, da man unter Druck ist. Statt in Hara, im *Zent*rum ist die Kon*zent*ration dann z.B. am Handgelenk. Dies verführt dazu dann nur noch in der Dynamik dieses Körperteils zu agieren und dadurch die Integration zu verlieren – man zieht am Arm, statt sich mit dem Zentrum zu bewegen (rechts in Abb. 5). Erste Erfolge bei der Entwicklung der Wahrnehmung hat man bereits dadurch, dass man erkennt, dass man z.B. mit der Konzentration im Arm ist anstatt die Aufmerksamkeit auf das Gesamte zu legen. So kann man im Üben korrigieren und versuchen den offenen Zustand schneller, bzw. gleich zu erreichen.

Zu wissen wie die Physik des Aikido funktioniert und welches physikalische Prinzip man einhalten muss, reicht nicht für die Umsetzung. Man benötigt eine ausreichend feine Wahrnehmung, um zu spüren, ob man integriert ist, ob man Kraft einsetzt und dass man sich selbst hinter seine eigene Kraft begibt. Ebenso muss man wahrnehmen wo und in welche Richtung Ukes Kraft wirkt und nicht dagegen ankämpfen, sondern diese umlenken, bzw. sie umgehen. Die Physik zu kennen, hat es für mich aber leichter gemacht zu verstehen, dass die Wirkprinzipien von Aikido wirklich funktionieren, wie sie dies tun und das Übungsziel zu erkennen. Ich konnte leichter verstehen, worin ich meine eigene Wahrnehmung schulen muss.

Diese Schulung der Wahrnehmung erfolgt aber nicht nur, wenn man die Techniken durchführt, sondern auch, wenn man Uke ist. Denn auch als Uke ist es erforderlich, dass man sich stets hinter die eigene Kraft bringt – solange bis es aufgrund Toris Technik nicht mehr geht. So stelle Uke sicher, dass ein Angriff plausibel und wirkungsvoll ist und Tori seine Technik überhaupt erfolgreich umsetzen kann. Was im ersten Moment so klingt als wenn Uke Tori helfen würde, ist aber einfach nur die Voraussetzung für einen Angriff. Ein Angriff, der nicht so erfolgt, dass der Angreifer hinter seiner Kraft ist, ist bestenfalls ein schwacher, typischerweise ein wirkungsloser Angriff. Aikido beruht darauf, dass man die Kraft des Uke umlenkt. Ohne Kraft kann kein Angriff erfolgen. Erfolgt kein Angriff, benötigt Tori keine Technik, um sich gegen diesen zu wehren. Um also die Technik zu üben, muss Uke einen plausiblen Angriff ausführen und diesen aufrechterhalten.

Gerade im Üben erfolgen die Angriffe oft langsamer als in einem Kampf. Das bedeutet aber auch, dass man den Angriffswillen und damit verbunden die Kraft länger aufrechterhalten muss als dies in einem Kampf der Fall wäre. Dies wiederum erfordert ausreichende Präsenz, was wir uns im nächsten Kapitel ansehen werden.

Allgemeines Prinzip

Wie lässt sich dies nun als allgemeinen inneren Weg auch abseits der Kampfkunst anwenden? Ich werde dies noch im weiteren Verlauf etwas mehr diskutieren, mit den Konzepten, die hier beschrieben sind, kann man aber schon einmal festhalten, dass es wichtig ist, sich im eigenen Zentrum zu bewegen und sich nicht auf Kontaktpunkte, z.B. einen Stein des Anstoßes zu konzentrieren. Dies würde die Gefahr bedeuten, dass man sein Gleichgewicht verliert. Vielleicht passiert dies nicht, dies kann dann aber nur mit großem Kraftaufwand passieren, der nicht nur nicht immer gelingt, sondern zudem eine Auseinandersetzung bedeutet.

Um das Leben in Harmonie leben zu können, benötigen wir Stabilität. Je nachdem, wie unsere Voraussetzungen sind, bringen wir dafür unterschiedliche

Fähigkeiten und Herausforderungen mit. Stabilität kann nur beibehalten werden, wenn man äußere Einflüsse ausgleichen kann. Ausgeglichenheit ist nur möglich, wenn man integriert ist und das gesamte Sein im Blick hat, nicht nur Einzelteile. Äußere Einflüsse können entweder abgeleitet werden, oder umgeleitet. Dies gelingt aber nur, wenn man genug Willenskraft hat, sich nicht selbst ablenken oder umlenken zu lassen. Diese Willenskraft kann man, z.B. mithilfe von Aikido üben. Wobei Willenskraft eigentlich ungenau ist, denn es geht eher darum eben keinen Willen zu haben, der sich z.B. gegen Uke richtet, sondern einfach seine eigene Bewegung gelassen auszuführen.

Außerdem setzt das Umlenken von äußeren Kräften voraus, dass man weiß, wie sich Stabilität anfühlt, wenn man aber z.B. aufgrund von Traumata gar keinen ausgeglichenen Zustand kennt, sondern ohnehin stets nur mit Kraftaufwand eine Instabilität aufgrund eines Traumas ausgleicht, dann ist Stabilität nicht erreichbar.

Das Prinzip des Aikido als Kampfkunst zeigt somit auf, wie der Umgang mit solchen Belastungen aussehen muss, um in Zukunft sich nicht mehr davon belasten zu lassen. Die stabile Haltung im Aikido-Training kann Bild für die stabile Haltung sein, die man im Leben braucht und einnehmen muss. Spannenderweise ist dies eine willentliche Handlung im Üben des Aikido. Mit genug Übung kann dies auch eine innere, geistige Haltung werden und so helfen, eine innere Stabilität zu erreichen. Mit der geistigen Haltung beschäftigen wir uns auch im nächsten Kapitel.

ZANSHIN: PRÄSENZ

„In dem Moment in dem ein Krieger einen Gegner konfrontiert, gerät alles ins Augenmerk."

Morihei Ueshiba, Art of Peace

Wie bereits in der Einführung beschrieben, handelt es sich bei Zanshin um das Konzept des Seins im Moment, der Präsenz und des Eins-Werdens mit der Bewegung oder der aktuellen Handlung – kein Alleinstellungsmerkmal von Aikido, sondern von allen fernöstlichen Kampfkünsten. Aus meiner Sicht ist dieses Eins-Werden nicht identisch mit dem Begriff der Konzentration, auch wenn man dies in der Literatur liest (Lind, 2001 S. 695f). Konzentration beinhaltet eine Verengung auf etwas, es wird konzentriert. Konzentration passt auf die Bewegung, denn diese ist konzentrisch auf Hara von Tori. Der Geisteszustand von Tori (und auch Uke) ist aber nicht an einem Ort oder Punkt konzentriert, sondern offen für die gesamte Umgebung, inklusive Uke. Wie der Karateka Jesse Enkamp treffend bemerkt, ist der Geist wie ein Fallschirm, er funktioniert nicht, wenn er geschlossen ist (Jesse Enkamp, 2017). Der Begriff "konzentriert" würde in Verbindung mit Zanshin aus meiner Sicht nur zutreffen, wenn es lediglich die zeitliche Dimension der Handlung meint. Bezüglich der Zeit ist die Aufmerksamkeit auf den Handlungszeitpunkt bzw. -zeitraum begrenzt.

Dies klingt zunächst trivial und erscheint nicht besonders schwierig. Der Mensch existiert schließlich stets nur zu einem Zeitpunkt. Wir sind zeitlich gesehen lineare Wesen. Ein Zeitpunkt folgt auf den nächsten. Das faszinierende Wesen der Unendlichkeit ist: Die Zeitmenge, die wir haben, ist begrenzt – niemand weiß wieviel Zeit wir haben, aber die Menge ist in jedem Fall begrenzt, denn unsere Existenz endet irgendwann. Andererseits leben wird eine unendliche Menge an Zeitpunkten, denn zwischen zwei Zeitpunkten liegt immer ein weiterer Zeitpunkt. Und hierhin lässt sich auch die Schwierigkeit der Aufgabe erkennen, in einem Moment zu sein. Ein Moment besteht aus unendlichen vielen Zeitpunkten. Jede Handlung erstreckt sich über unendliche viele Zeitpunkte. So deutet sich an, dass die Aufgabe präsent in einer Handlung zu sein, vielleicht doch nicht trivial ist.

Machen wir eine vermeintlich einfache Übung. Setzen Sie sich bequem hin, schließen Sie die Augen und stellen sich vor ihrem geistigen Auge einen Ball vor.

Rot, ungefähr faustgroß. Er schwebt in einem schwarzen Nichts vor ihnen. Probieren Sie einmal aus, wie lange Sie dies aufrechterhalten können und denken Sie an nichts anderes.

Was ist ihr Eindruck? Konnten Sie das lange aufrechterhalten? Sind Ihnen andere Gedanken gekommen, z.B. welche Aufgabe ihre Chefin Ihnen heute noch übertragen hat? Oder, dass sie noch ein Geburtstagsgeschenk für Ihren Partner besorgen müssen? Vielleicht sind Sie auch einfach inhaltslos abgedriftet. Bitte bewerten Sie dies nicht und dies ist natürlich völlig normal. Es wird aber deutlich, dass bei einer so vermeintlich kleinen Aufgabe zu bleiben, wie sich einen Ball vorzustellen, nicht so trivial ist, wie es zunächst den Anschein hat.

Neben der Aufmerksamkeit bedeutet Zanshin auch Gelassenheit (Lind, 2001 S. 695f). Erregung, Aufregung fördert nicht nur den Fokus auf einen einzelnen Aspekt, wie z.B. die gegriffene Hand im Aikido, sondern sie sorgt auch für Verspannung, Konflikt. Bei dem eben genannten Beispiel werden sie wohl wenig Aufregung verspürt haben. Aber vielleicht Ärger, weil sie abgedriftet sind? In Kampfsituationen verspürt man aber schnell Aufregung und Anspannung.

Präsenz in der Bewegung und Handlung beim Aikido

Einerseits ist die Aufgabe im Aikido komplexer. Wenn beispielsweise als Tori Uke wahrzunehmen, richtig zu lenken und die jeweilige Technik auszuführen, enthält viele Elemente, teilweise nur sehr subtile, die deutlich umfangreicher sind als ein imaginärer Ball. Dies ist der Grund, warum Aikidoka viel Zeit damit verbringen, sich zunächst die einzelnen Elemente anzusehen, die Bausteine einer Technik zu beherrschen, wissen wohin welcher Fuß gesetzt werden muss, bis sie nicht mehr darüber nachdenken müssen. Ist dies erreicht, können die Bausteine zu etwas Ganzem werden und man kann das Einzelne zurücklassen. Außerdem wird man im Training – wenn auch simuliert – angegriffen, d.h. Anspannung ist schnell da. Man ist unter Druck, muss dem Angriff irgendwie begegnen. Vielleicht schaut auch noch gerade der Lehrer zu, was den Druck weiter erhöht.

Andererseits ist die Aufgabe im Aikido einfacher, weil man mehr hat an dem man sich mental stabilisieren kann. Der Geist wird mehr gefordert und driftet daher nicht so leicht in andere Gedanken ab. Es gibt äußere Einflüsse, die man wahrnehmen kann und die eigene Bewegung, die ebenfalls einen geistigen Anteil hat.

Zanshin bedeutet aber mehr als instinktive Routine. Es bedeutet Aufmerksamkeit auf einem hohen Niveau, ohne auf Einzelnes konzentriert zu sein. Man ist wachsam, bereit. Diese Bereitschaft ist ein wesentliches Element beim Aikido. Sie sollte nach Möglichkeit während eines Übungsintervalls stets vorhanden sein. Aufmerksamkeit auf hohem Niveau, eigentlich während des gesamten Trainings. Mindestens aber, bis ein Übungssatz durchlaufen ist. Dies bedeutet, dass die Aufmerksamkeit nicht nachlässt, nachdem man die Technik ausgeführt hat, sondern weiter bestehen bleibt. Wie der Mixed-Martial-Artis Conor McGregor sagte: "Bleib bereit, damit du dich nicht bereit machen musst" (Jesse Enkamp, 2017). Die Aufmerksamkeit auf die Umgebung, die Aufmerksamkeit auf Uke sollte erhalten bleiben.

Dasselbe gilt auch für Uke selbst, denn auch als Uke trainiert man seine Aufmerksamkeit und muss ja reagieren auf die Impulse, die von Tori kommen. Einmal um sich zu schützen, zum anderen aber, um wirkungsvoll anzugreifen. Uke muss den Angriff aufrechterhalten. Da man beim normalen Üben einer Technik häufig langsamer agiert als bei einem echten Kampf, kann dies bedeuten, dass dieser Angriff länger aufrechterhalten werden muss als in selbigem. Er muss aber aufrechterhalten werden, da ansonsten Aikido nicht geübt werden kann – wird keine Kraft in den Angriff gesteckt, findet dieser gar nicht statt, muss Tori keine Kraft umlenken und letztlich müsste man dann gar keine Technik anwenden, um sich zu verteidigen. Was man dann übrig bleibt, wäre reine Choreographie.

Zanshin, Präsenz bedeutet aber auch eine genaue Vorstellung zu haben. Eine Vorstellung, eine klare Absicht und diese zu verfolgen, unbeirrt von äußeren Einflüssen. Diese sind da und werden auch gespürt, sie be- oder verhindern aber nicht die eigene Bewegung. Diese ist klar und präzise. Sie erfolgt ohne Unterbrechung. Hat man eine genaue Vorstellung, reduziert dies auch die Anspannung und Gelassenheit wird einfacher zu erreichen – man weiß ja genau, was passieren wird. Selbst wenn es nicht passiert, ist es außerdem keine Katastrophe. Insbesondere nicht, weil das erste Elemente beim Aikido typischerweise ein Ausweichen irgendeiner Art ist, so dass man das Wichtigste schon geschafft hat. Man ist dem Angriff entgangen.

In den typischen Übungen erlaubt die Routine, dass man nicht über Bewegungen nachdenken muss, da die Wahrnehmung geschult ist, und man freier agieren kann. Die Vorstellung ist klar, weil man die Bewegung kennt. Die Aufmerksamkeit kann offen sein, man muss sich nicht auf einzelne Aspekte konzentrieren. Dies ist vergleichbar mit routiniertem Musizieren. Wenn man die Handgriffe kennt, braucht man sich nicht mehr darauf zu konzentrieren wohin z.B. welcher Finger zu legen ist, man kann improvisieren, wenn man in einer Gruppe spielt, gemeinsam variieren und sich aufeinander einlassen.

Gleichzeitig verführt die Routine aber auch dazu, dass man leichter abgelenkt ist und das Gehirn sich lieber mit anderen Dingen beschäftigen will, weil es das alles ja schon kennt. Dies sollte man vermeiden und sich stets wieder in den Moment, die Bewegung zurückbringen. Das sollte gänzlich ohne Selbsttadel geschehen, denn auch der lenkt nur ab. Es ist völlig normal, dass dies zu Beginn schwerfällt und auch immer wieder passiert – es reicht schon ein besonders stressiger Arbeitstag, der uns geistig immer wieder einholt, um eine Bewegung besonders schwer zu machen. Dann kann man nur noch einmal beginnen und beim nächsten Durchlauf erneut darauf achten, aufmerksam und präsent zu sein.

Beim Üben erlebe ich tatsächlich, dass die vermeintliche Routine gar keine ist. Jedes Ausführen einer Technik ist anders – manchmal nur minimal aber es gibt stets etwas Neues wahrzunehmen, stets etwas anderes. Das macht für mich den Reiz aus. Die Routine in der Bewegung selbst erlaubt es, sich auf solche kleinen Dinge einlassen zu können. Natürlich bedeutet dies nicht, dass ich nicht trotzdem auch abgelenkt werde und es hat lange gedauert, bis ich mich dafür nicht mehr getadelt habe. Heute akzeptiere ich es und beginne einfach neu. Kein Selbsttadel wird etwas daran ändern, wie ich die Technik ausgeführt habe – aber Bewusstsein für das Abdriften der Aufmerksamkeit hilft natürlich es beim nächsten Mal besser zu machen und z.B. nicht auf den Kontaktpunkt zu konzentrieren, sondern eine allgemeine Aufmerksamkeit aufrechtzuerhalten.

Eine Möglichkeit die Aufmerksamkeit nicht im Kontaktpunkt zu fokussieren ist auch das Training mit Waffen, also Stock (Jo) oder Schwert (Ken). Oft ergeben sich durch die Form und Handhabung der Waffen natürliche Bewegungsmuster und diese gehen über den Kontaktpunkt hinaus, da ich z.B. einen Stock mit zwei Händen greife und es mir so leichter fällt, beide Hände, statt z.B. die gegriffene Hand in meiner Aufmerksamkeit zu haben. Die Waffe kann auch die Kraftrichtung symbolisieren und so helfen die Bewegung richtig durchzuführen statt Kraft gegen Kraft wirken zu lassen. Sie kann die Vorstellung der Bewegung erleichtern.

Für mich ist die Aufmerksamkeit am wichtigsten, wenn man eine Haltetechnik durchführt. Bei nage-waza, also Wurftechniken besteht natürlich für Uke auch ein Verletzungsrisiko, aber Uke kann sich der Situation durch Ukemi, also z.B. Fallen oder Rollen entziehen. Ja, eine Hand trifft mal z.B. ein Gesicht wo sie es nicht sollte, aber außer kleine Kratzer habe ich mich bisher beim Aikido nur selbst verletzt, wenn ich über meine Zehen gestolpert bin. Ja, das passiert; ein merkwürdiges Phänomen.

Bei einer Haltetechnik, s. Abb. 6, ist aus meiner Sicht die Verantwortung grösser, da Uke Tori geradezu ausgeliefert ist. Uke kann sich nicht entziehen, da er ja gehalten wird. Hier erfordert es sehr gute Wahrnehmung für Anspannungen und insgesamt Ukes Befinden, um nicht durch plötzliche oder zu starke Bewegungen Schmerzen oder gar Verletzungen zu erzeugen. Haltetechniken dürfen dehnen, aber sie sollten keine Qual für Uke sein. Zanshin, also die Aufmerksamkeit aufrechtzuerhalten, beschränkt sich aber nicht auf Uke. Uke ist in Toris „Gewalt", wenn Tori eine Haltetechnik ausführt. Dies verführt wieder dazu sich auf Uke zu konzentrieren, statt aufmerksam zu sein. Im Kampf kann dies tödliche Folgen haben, denn was ist, wenn der Angreifer nicht alleine agiert? Was ist, wenn man von der Seite oder von hinten angegriffen wird, während man den ursprünglichen Angreifer hält? Im Üben greift einen in der Regel niemand

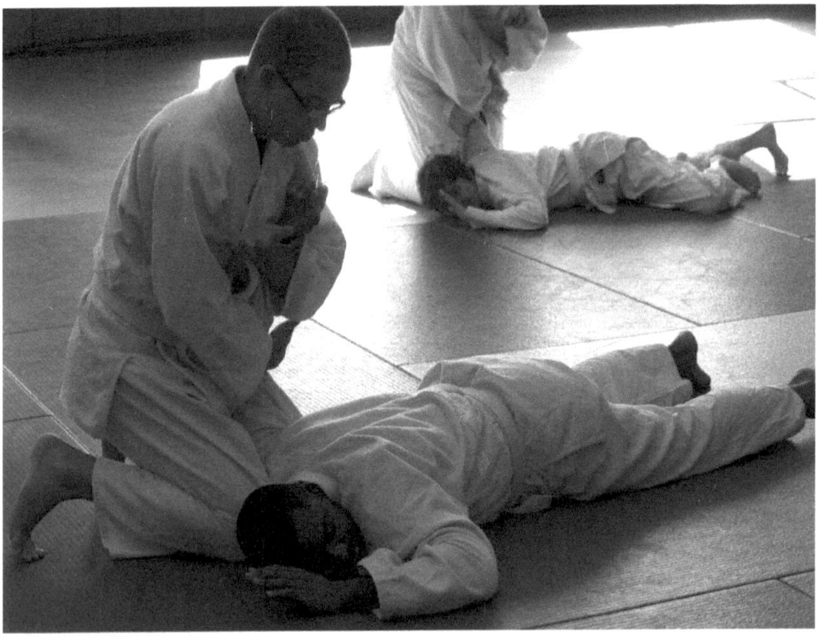

Abb. 6: Aikidoka beim Üben eines Haltegriffs. Die Gelenke der Ukes sind blockiert, so dass sie ihren jeweils rechten Arm nicht integrieren und auf diese Weise festgehalten werden können. Beide Ukes signalisieren mit Abklopfen, dass sie an der Schmerzgrenze angekommen sind. (Quelle: Anbelleee, gemeinfrei)

anderes an, in jedem Fall nicht ohne, dass man dies weiß, aber trotzdem muss man aufmerksam und nicht nur auf Uke konzentriert sein. Uke selbst kann sich kaum schützen. Allerdings laufen dennoch weitere Übende auf der Matte herum und im „Eifer des Gefechts“ könnte es natürlich sein, dass jemand über Uke stolpert oder gegen ihn tritt. Als Tori achtet man als Tori auf diese Umgebung, genauso wie auf Uke selbst. Im Falle des Falles kann man Uke schützen, bzw. beendet den Haltegriff. Dies gilt insbesondere, wenn Uke abklopft, d.h. mehrmals leicht auf die Matte oder auch Tori klopft, um zu signalisieren, dass der Schmerz eine aushaltbare Grenze erreicht hat, bzw. die Spannungen zu groß werden.

Eine Frage ist bisher aber noch nicht beantwortet. Warum das alles? Warum brauche ich die Aufmerksamkeit, das Zanshin? Im Sinne der Kampfkunst ist es erforderlich aufmerksam zu sein, um Angriffe zu bemerken, bevor sie passieren. Um eine klare, unbeeinflusste Bewegung durchführen zu können, darf man nicht z.B. im Kontaktpunkt feststecken. Die Wahrnehmung muss offen sein, nicht fokussiert auf einen Punkt. Dafür dient Zanshin. Ohne Zanshin ist man beeinflussbar und fokussiert sich auf einen Punkt. Letztlich ist man also dadurch manipulierbar, dass man sich nicht frei bewegen kann, sondern auf einen Punkt in der Wahrnehmung beschränkt wird. Dann agiert plötzlich wieder Kraft gegen Kraft. Auch wenn Zanshin kein Alleinstellungsmerkmal von Aikido ist, ist es insbesondere hier wichtig, da das Konzept Kraft nicht gegen Kraft wirken zu lassen, sondern sich aus dem Zentrum heraus zu bewegen (siehe Seite 51), ohne Zanshin nicht erreichbar ist. Man ist ganz in der eigenen Bewegung, in dem Moment, ohne Ablenkung sei es durch innere Gedanken oder äußere Einflüsse.

Zanshin kann bei jeder Handlung existieren (Lind, 2001 S. 695) und kann so auch stets, nicht nur im Aikido geübt werden, bzw. man übt dann Aikido bei jeder Handlung. Eine weitere, typische Übungsform, die helfen kann, Präsenz, das Sein in einem Moment zu üben, ist z.B. Meditation, wie man es beim Zen macht. Sitzend einfach sein – auch wenn daran nichts einfach ist, wie man ggf. an der Übung, die ich zu Beginn des Kapitels erwähnte, merken kann. Die Klarheit des Geistes zu trainieren vereint Zen und Aikido, weswegen viele Aikidoka, insbesondere große Lehrer oft auch mit dem Zen verbunden sind. Aikido wiederum wird aus diesem Blickwinkel heraus zu einer Bewegungsmeditation.

Präsenz im alltäglichen Leben

Zanshin ist wie erwähnt weder ein Alleinstellungsmerkmal von Aikido noch etwas, was man nur in Kampfkünsten findet oder üben kann. Jede Handlung, sei es kochen, Musik hören, im Garten arbeiten kann mit Zanshin durchgeführt werden. Jeder selbst, sollte für sich die Frage beantworten, ob dies auch so sein sollte. Falls ja, kann Aikido ein Mittel sein, um Zanshin zu üben, so dass man es dann auch auf andere Lebensbereiche übertragen kann.

Aikido kann auf diese Weise erst einmal helfen die Wahrnehmung zu verbessern. Mit Blick auf Zanshin geschieht dies vor allem in der Weite der Wahrnehmung. Man erfasst mehr als nur das, was man unmittelbar vor sich hat. Die Verbindung zwischen Körper und Geist wird gestärkt, denn ohne diese kann Wahrnehmung nicht funktionieren.

Zanshin kann zu einer gewissermaßen heilsamen Erfahrung werden, bzw. Werkzeug und Ausdruck für Heilung. Im Aikido kann Zanshin geübt werden – in einer kontrollierten Umgebung – und auf diese Weise Einheit von Körper und Geist erlernbar machen. Die körperliche Aktivität und Wahrnehmung stimuliert und kann helfen mit Trauma verbundene Dissoziation, d.h. die Trennung von Körper und Geist, das Abkapseln zwischen Gehirn und körperlichem Empfinden (Levine, 2010 S. 80), zu überwinden. Wahrnehmungsübungen können helfen solche Dissoziationen zu bekämpfen (Levine, 2010 S. 152) und bei mir haben sie das auch. Immer wieder bin ich darauf gestoßen, wie sich einerseits meine Wahrnehmung verändert, verbessert hat und andererseits das Empfinden im Aikido sich auf andere Bereiche ausgedehnt hat. Das war nicht schlagartig, sondern ein stetiger Prozess.

Bedingt durch eine schmerzhafte Vergangenheit, habe ich mich lange Zeit vor allem als Gehirn gesehen, das von einem biomechanischen Apparat versorgt und durch die Gegend getragen wird, also meinem Körper. Das Empfinden war stark eingeschränkt. Empfinden habe ich gehemmt, um den damit assoziierten Schmerz nicht folgen zu lassen. Dies zu ändern begann für mich nicht erst mit Aikido, sondern vor allem in der Konfrontation mit Situationen in denen die Abkapselung "aufbrach". Das körperliche Training im Aikido hat diesen Prozess aber viel dosierter und nachhaltiger gemacht.

Im Aikido kann man keine Grenze zwischen Körper und Geist haben und erfolgreich sein. Immer wieder bin ich an diese Grenze gestoßen, aber ich habe auch erlebt, dass sie mitunter nicht mehr da war. So hat sie sich immer mehr reduziert. Das ist eigentlich nicht verwunderlich, denn insbesondere als Kind erfolgt die gesamte Auseinandersetzung mit der Welt, insbesondere auch Bezugspersonen, auf einer körperlichen Ebene, da man weder eine entwickelte Ratio noch Sprache hat, um diese Aufgabe zu übernehmen (Dioszeghy-Krauß, 2017 S. 40). Ist diese körperliche Erfahrung gestört, z.B. durch ein gestörtes Verhältnis zu Bezugspersonen oder durch Traumata im Allgemeinen, bleibt einem ein großer Teil der Welt verschlossen. Im Aikido lernt man diese Erfahrung, diese Form der Kommunikation erneut. Wissenschaftliche Studien finden ebenfalls Indizien für einen solchen positiven Effekt auf psychischer Ebene (Szabolcs, et al., 2017).

Es sei extra betont, dass Aikidotraining natürlich keine Therapie ersetzen kann oder eine Heilmethode ist. Insbesondere sollte man diesen Gedanken nicht aufgrund der Laien-(wenn auch Betroffenen-)Meinung eines Aikidokas bekommen. Aber körperliche Übungen, Aktivität kann, wie zitiert, ein Mittel für die Verbesserung von Trauma bedingten Störungen sein und in meiner Erfahrung trifft dies auf Aikido im Besonderen zu. Ähnliche Effekte hatte ich bei keinem anderen Sport auch nicht bei Ju-Jutsu-Do.

Trauma heißt, dass einen Vergangenes, ob bemerkt oder unbemerkt, beschäftigt, nicht loslässt. Man wird davon im Empfinden und Handeln beeinflusst, ggf. soweit, dass man in einer erlernten Hilflosigkeit ist (Dioszeghy-Krauß, 2017 S. 51). Im Aikido erlebt man das Gegenteil, man ist weder hilflos, noch ist, was zuvor passiert ist, für das unmittelbare Geschehen relevant, denn Zanshin heißt, es zählt der Moment. Was man im Aikido lernt, kann zu mehr Klarheit im Alltag führen. Die Gelassenheit des Zanshin kann sich auf den Alltag übertragen. Im Moment wirklich präsent zu sein kann man auf alle Handlungen ausdehnen und dann wird das Leben plötzlich anders strukturiert.

Besteht es für viele aus einigen Höhepunkten, neues Auto, neuer Job, Beförderung, Heirat, Traumurlaub, Geburt des Kindes, bedeuten Zanshin bzw. Präsenz jedoch, das Leben in jedem Moment vollständig und aufmerksam wahrzunehmen. Es ist keine Sammlung von einzelnen Ereignissen mit "Totzeit" dazwischen, sondern ist Abfolge von verschiedenen Handlungen. Handeln selbst wird der relevante Teil, nicht erst der Erfolg oder ggf. schlimmer der ausbleibende Erfolg. Dadurch, dass man vollkommen im Moment ist, ist eine belastende Vergangenheit weniger relevant, man kann das Erlebte besser genießen und empfinden. Ich erlebe insbesondere in Zeiten von intensivem Training, dass ich mich mehr auf Momente einlassen kann und z.B. klarer zwischen Beruf und Freizeit trennen kann. Das jeweilige Handeln wird zum Zweck, nicht nur Mittel. So ist es auch eine Verschwendung einmal nichts zu tun und z.B. nur auf dem Balkon zu sitzen und dem Rauschen des Windes zuzuhören.

Wenn jedes Handeln zweckhaft ist, das Handeln selbst der wesentliche Teil der Handlung ist, dann lebt man das Leben aufmerksamer, voller, weil nicht nur einzelne Augenblicke relevant sind, z.B. ein Erfolg, sondern: Erfolge werden zweitranging. Natürlich kann man sich über Erfolge freuen und sollte dies auch, aber sie werden nicht zum Essentiellen von dem im schlimmsten Fall die Daseinsberechtigung abhängt – so wie es bei mir die lange Zeit gewesen ist. Das Leben wird als erfüllt angesehen, denn es ist dann nicht nur von einigen Erfolgen geprägt, sondern von vielem Handeln, das tief erlebt wurde.

MUSUBI: KONTAKT, VERSCHMELZUNG UND KRAFTUMLENKUNG

„Scheitern ist der Schlüssel zum Erfolg. Jeder Fehler lehrt uns etwas."

Morihei Ueshiba, Art of Peace

Aikido basiert darauf Kraft nicht gegen Kraft wirken zu lassen. Die Physik dahinter habe ich zu Beginn behandelt, aber was genau bedeutet dies in der körperlichen Ausführung? Die gute Nachricht ist, dass man in der Regel sehr leicht bemerkt, wenn man Kraft gegen Kraft wirken lässt. Man ist blockiert oder muss spürbar anstrengen, um zu tun, was man möchte. Aber zu wissen, dass man es falsch macht, ist natürlich auch keine Antwort auf die Frage wie man es richtig macht, jedenfalls keine hinreichende.

Verschmelzung und Umlenkung statt Kollision im Aikido

In diesem Konzept des Aikido spielt die namensgebende Harmonie eine große Rolle. Man kann dies ganz philosophisch sehen, aber auch praktisch. Es geht darum eine harmonische Bewegung zu erzeugen und dies schließt Kollisionen von Kräften aus.

Wichtig ist also, dass man sich nicht treffen lässt. Häufig ist daher die initiale Bewegung im Aikido eine Ausweichbewegung, die einen aus der unmittelbaren Angriffslinie von Uke bringt. Hier können auch Atemi, also Schläge, die im Aikido stets nur so ausgeführt werden, dass sie nicht treffen, zum Einsatz kommen, um Uke darin zu stören, nach Toris Ausweichen wieder eine Position einzunehmen in der Ukes Kraft wieder auf Tori zeigt, bzw. Ukes Zentrum und der Kontaktpunkt eine Linie bilden.

Nach dem Ausweichen folgt ggf. die eigentliche Technik. Wie schon erwähnt, bemerkt man typischerweise sehr schnell, wenn man doch Kraft gegen Kraft, wie z.B. in Abb. 5 skizziert, einsetzt und die Technik damit nicht richtig ausführt. Gerade zu Beginn des Übens kann man nur versuchen eine Bewegungsrichtung zu finden, wo man nicht auf eine Kraft stößt. Dies kann schwierig sein, wenn die eigene Wahrnehmung noch nicht gut geschult ist, wird aber mit der Zeit leichter. Es kommt also darauf an, sich selbst nicht treffen zu lassen und den anderen zu spüren. Letztlich wird die Technik so ausgeführt, dass Uke gar keine Kraft gegen die von Tori richten kann, weil Uke dazu z.B. nicht mehr die notwendige Stabilität hat.

Wichtig ist dafür der Kontaktpunkt zwischen Tori und Uke. Dieser muss fest sein, damit beide über ihre Wahrnehmung miteinander kommunizieren können. Wie schon zuvor genannt, kann Uke den Kontaktpunkt nicht lösen, da dann Tori völlig frei wird und Uke weder spürt wo Tori ist noch mögliche Gegenangriffe kontrollieren kann. In der Geschwindigkeit des (anfänglichen) Übens ist dies natürlich übertrieben aber auch in einem richtigen Kampf ist es – nachdem Uke einen Kampf begonnen hat – Uke nicht möglich diesen Kampf einfach zu beenden in dem der Kontakt aufgelöst wird.

Über den Kontaktpunkt werden die Gelenke von Uke beeinflusst und ggf. blockiert, um zu verhindern, dass Uke sich wiederum frei bewegen kann und so eine Position findet in der Toris eigener Kraft Widerstand geleistet werden kann. Ein Beispiel ist in Abb. 7 zu sehen. Bei der Technik Nikyo wird das Handgelenk verdreht und auf diese Weise auch Ukes Arm blockiert. Ohne einen sicheren Kontakt könnte Uke sich aus dem Griff lösen und so den Arm wieder bewegen.

Die Kunst ist aber, dass der Kontakt fest ist, ohne dass Tori aber selbst fest ist und verspannt wird. Musubi bedeutet, dass man die Kraft des jeweils anderen spüren und seine eigene ohne zu versteifen einsetzen kann. Uke versucht also geschmeidig seinen Angriff fortzusetzen und den Bewegungen zu folgen, damit der Kontakt nicht abreißt, bzw. um eine Kontrolle zu erringen. Tori wiederum versucht dies zu verhindern und selbst Kontrolle über Uke zu erhalten, z.B. durch eine Technik wie in Abb. 7.

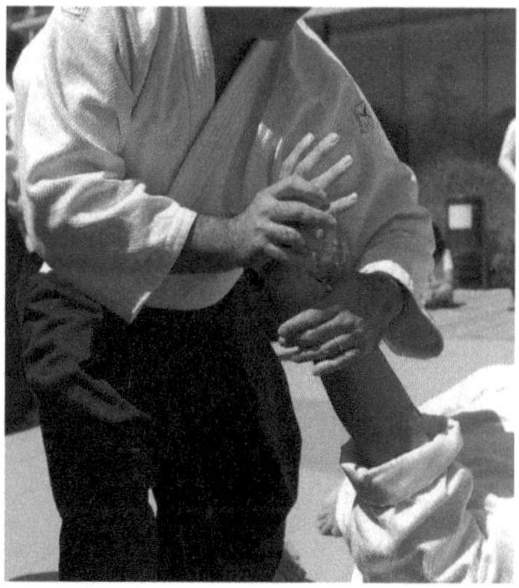

Abb. 7: Tori blockiert Ukes Arm durch das Einknicken und Verdrehen des Handgelenks bei gleichzeitiger Fixierung des Unterarms. Um Uke zu kontrollieren ist hier ein enger Kontakt notwendig, so dass die Verdrehung und Blockade aufrecht gehalten werden können. (Quelle: Makunin, gemeinfrei)

Keinesfalls darf dies aber dazu führen, dass Tori selbst verspannt und verkrampft in den Kontakt geht. Tori muss entspannt sein, ohne aber zu erschlaffen und seine Struktur zu verlieren. Nur wenn Tori entspannt ist und Toris Gelenke offen sind, können die Gliedmaße so gesteuert werden, dass Toris Kraft in die notwendige Richtung und zwar nicht gegen Ukes Kraft gerichtet ist, sondern nach außen.

Nun kommt es aber noch darauf an, Ukes eigene Bewegung, bzw. Kraft damit zu verbinden. Eins werden zu lassen, wie in Abb. 5 gezeigt. Dies ist nur eine von vielen Möglichkeiten. Weitere Beispiele sind in Abb. 8 gezeigt. Links wirft Tori Uke mit einem Hüftwurf. Dabei verändert Tori seine Position so, dass er Uke im Weg steht und leitet dessen Bewegung über seine eigene Hüfte ab. Die Kraftrichtung ist hier jeweils in Toris Arm, bzw. Ukes Körperachse, welche Toris Armbewegung folgt. Rechts hat Uke nach Toris linkem Handgelenk gegriffen, welches zunächst angeboten wurde, d.h. ausgestreckt zu Uke. Dann wurde die Richtung von Toris Arm verändert und zwar parallel zur Richtung von Ukes Kraft, wobei Tori dem Griff ausweicht. Stattdessen greift nun Tori den greifenden Arm von Uke. Von hier aus sind verschiedene Techniken möglich. Sehr einfach wäre nun, wenn sich Tori mit einer Drehung hinter Uke begibt und dabei den Arm in Bewegungsrichtung von Uke streckt, um ihn zu führen. So könnte ein Irimi Nage ausgeführt werden. Oder aber Tori dreht sich um sich selbst und

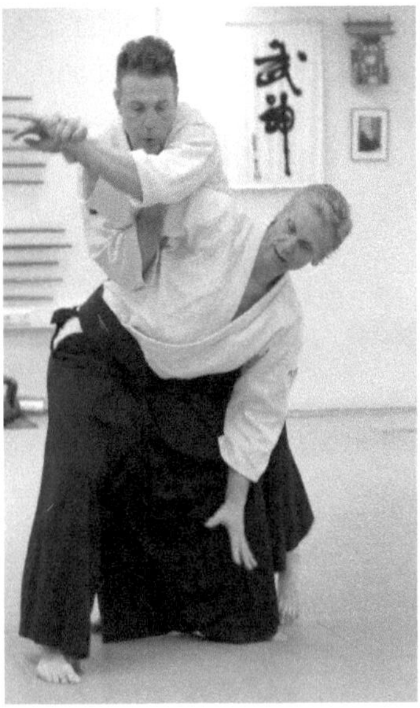

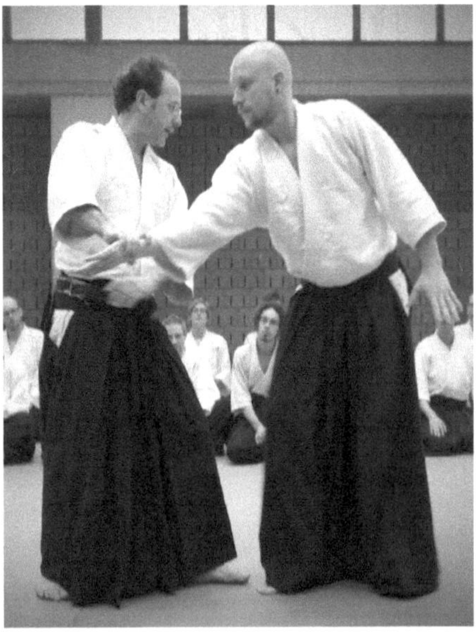

Abb. 8: Links: Sensei Petteri Silenius (7. Dan) wirft Uke mithilfe eines Hüftwurfs, indem er dessen Bewegung über seine Hüfte ableitet. Seine Kraftrichtung ist durch seinen Arm gekennzeichnet und stimmt mit der Bewegung von Ukes Körperachse überein. (Quelle: Opkangas, CC BY-SA 4.0 lizensiert, https://creativecommons.org/licenses/by-sa/4.0/deed.de, Bildausschnitt verkleinert, farblos) Rechts: Sensei Gaetan Francken hat Ukes Angriff umgelenkt und leitet ihn um. (Quelle: Vercnocke Glenn, CC BY-SA 4.0 lizensiert, Bildausschnitt verkleinert, farblos)

wechselt die Greifhand. Aus der Drehung kann er Uke weiterführen und einen Kote-Gaeshi ausführen. Diese Drehung lenkt Ukes eigene Kraft um und am Ende gegen ihn.

Diese Verschmelzung und Umlenkung erfordern einerseits einen festen Kontakt und andererseits Zanshin, denn um mit etwas umzulenken benötige ich eine klare Vorstellung von dem, wohin ich es lenken möchte, was ich vorhabe. Musubi trainiert die Feinheit der Wahrnehmung, da man genau spüren muss, wo Uke sich befindet, in welche Richtung er Kraft wirken lässt, damit man verschmelzen und umlenken kann. Zanshin ist für die Umlenkung notwendig und hat eine Qualität der Weite, Allumfasstheit in der Wahrnehmung.

Ein Phänomen, was mir immer wieder begegnet ist, dass es einige Übende gibt bei denen mir das Verschmelzen schwerer fällt als bei anderen. Dies hat z.B. damit zu tun, dass Zanshin in der Begegnung nicht ausgeprägt genug ist und man in dem Kontakt mit der Wahrnehmung hängen bleibt, Kraft gegen Kraft wirken lässt. In diesen Beispielen ist das mit fehlender Gelassenheit verbunden, die aus einem gewissen Wettstreitgedanken, unausgesprochen, erwächst. So etwas passiert z.B. wenn der Angriff erfolgt, bevor dazu eingeladen wird. Natürlich soll man dank Zanshin eigentlich kontinuierlich bereit sein, aber wenn es nun einmal nicht so ist und man dies auch signalisiert, wird die Bereitschaft nicht dadurch erfolgen, dass man sie dem übendem Tori aufzwingt. Diese Übungseinheit ist dann vergebens. Spannenderweise treten diese Hindernisse nur bei Männern auf und das obwohl ich mit Frauen trainiert habe, die nicht weniger kraftvoll oder entschieden agieren als die Männer. Aber dabei gibt es keinen Konkurrenzkampf. Ich kann auch nicht ausschließen von diesem Wettstreit mitgerissen zu werden, zumindest wenn mein Zanshin nicht gut genug ist. Natürlich kann man sich spielerisch fordern, eine konzentrierte Übung darf aber nicht überfordern, sonst übt man gar nichts. Das richtige Maß zu finden, das von Aikidoka zu Aikidoka unterschiedlich ist, je nachdem wo auf dem Weg man sich befindet, ist eine wichtige Fähigkeit von Uke. Aus blindem Gehorsam einer Technik folgen, hilft Tori in der Regel nicht, wenn es nicht nur um das Erlernen der richtigen Bewegungsabfolge ganz zu Beginn geht. Ein Überfordern durch Blockieren hilft aber auch nicht. Manchmal reicht es mit Andeutungen aufzuzeigen, wo ggf. Lücken oder Fehler sind, damit Tori darauf aufmerksam wird, ohne aber aufgehalten zu werden. Auch dieses richtige Maß zu finden ist Teil der Übung für beide Seiten.

Ein anderes Extrem ist das berührungslose Üben. Zwar habe ich solche Trainingseinheiten auch schon zuvor erlebt, aber besonders häufig waren sie zu Zeiten der Coronapandemie. Im ersten Moment klingt dies unmöglich, denn wie will man Kontakt haben, wenn man sich nicht berührt? Tatsächlich ist dies aber möglich. Dies gelingt, wenn man als Uke eine starke Absicht hat zuzugreifen. Die Wahrnehmungsmöglichkeiten sind sowohl für Uke als auch Tori reduziert, da das unmittelbare Spüren fehlt, was durch andere Sinne ersetzt werden muss. Es erfordert ein hohes Maß an Musubi und auch Zanshin, um trotzdem eine Verschmelzung zu erzeugen.

Bei erster Betrachtung klingt dies vielleicht ein wenig esoterisch, aber häufig agieren wir im Alltag aus reiner Intention und nicht auf Basis von einem umfangreichen Gespür. Wenn wir etwa nach einem Glas zum Trinken greifen, spüren wir es erst, wenn wir es greifen. Unseren Mund finden wir mit dem Glasrand auch ohne nachzudenken oder nachzuspüren. Oder man denke an Fußball – oder anderes Ballspiel – wo man nach dem Ball geht (siehe z.B. Abb. 9), auch ohne ihn zu spüren, sondern nur aufgrund des visuellen Reizes, dafür mit einer klaren Absicht. Dies ist unabhängig vom tatsächlichen Erfolg, aber unsere Bewegungsabsicht unterscheidet sich nicht danach ob man erfolgreich ist oder nicht. Diese Absicht sorgt dafür, dass die Bewegung gelenkt wird und zwar gelenkt von der Person oder dem Objekt, dem man folgen will. Genauso entscheidend ist im Aikido die Absicht für eine Handlung, dann kann auch ohne Berührung Musubi vorhanden sein.

Kollisionsvermeidung im alltäglichen Leben

Aikido ist eine sehr hilfreiche Grundlage, um einerseits Wahrnehmung zu trainieren, z.B. die Wahrnehmung im Kontakt, aber auch Verbindung im Kontakt mit anderen aufzunehmen. Dies ist noch einmal verstärkt auf Lehrgängen wo man häufig Menschen aus ganz anderen Dojos trifft und mit ihnen übt. Vereint ist man über das gemeinsame Interesse an Aikido, das schon einmal verbindet. Ich kenne dies auch von z.B. beruflichen Kongressen wo man ebenfalls eine inhaltliche Gemeinsamkeit hat, allerdings erlebe ich dies beim Aikido intensiver. Dies kann man dem Prinzip der Harmonie zusammenhängen, was beim Aikido mitschwingt.

Kollisionspotential gibt es im Leben außerhalb des Aikido ebenfalls an vielen Stellen. Von Verkehrsunfällen oder anderen körperlichen Missgeschicken einmal abgesehen – bei denen ggf. geschicktes Ausweichen, im Aikido angelernte

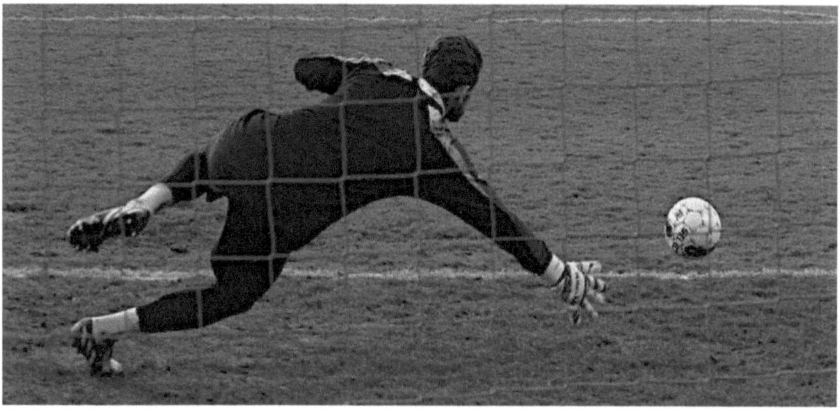

Abb. 9: Ein Fußballtorwart springt einem Ball nach. Seine Absicht passt seine Bewegung der des Balles an auch ohne einen physischen Kontakt. Genauso kann dies beim Aikido ebenfalls sein, wenn Uke z.B. nach Toris Hand greift, die sich allerdings bewegt.

Reaktionsschnelligkeit oder Falltechniken helfen können – gibt es dies vor allem auch im übertragenen Sinne. Zwischenmenschliche Konfrontationen, die aus Interessen und Bedürfnissen verschiedener Menschen genährt werden.

Da sind zunächst die eigenen Bedürfnisse. Es ist wichtig, diese zu erkennen, überhaupt ihre Existenz wahrzunehmen. Weiter hilft es Konflikte im Kontakt mit anderen Menschen früh zu bemerken, um sie ggf. zu lösen.

Das Harvard-Konzept ist eine Verhandlungsweise in der es darum geht Kompromisse zu finden, um Positionen, die scheinbar gegensätzlich sind, vereinbar zu machen. Die ersten beiden Prinzipien dahinter lauten (Lapp, 2023):

1) Sei hart in der Sache, aber weich zu den Menschen
2) Konzentriere dich auf Interessen nicht auf Positionen.

Das erste klingt ein wenig vertraut. Das Ziel von Aikido ist es ebenfalls sehr weich, buchstäblich, mit Menschen umzugehen, um Verletzungen zu vermeiden. So kann man friedlich zusammenleben. Was aber ist mit dem zweiten?

Aus meiner Sicht spiegelt sich hier das Konzept von Musubi wieder. Während des Aikidoübens verändern sich die Positionen jeweils – so kann z.B. Tori sich günstig positionieren, um Uke zu werfen und einem Angriff zu entgehen. Beim Harvardkonzept ist die Konfrontation weniger martialisch oder physisch, nicht aber ohne Kollision. Zwei Positionen können sich widersprechen. Der Ausgleich erfolgt über ein Verstehen der Interessen, die so geformt sein können, dass man einen Kompromiss finden, also eine gemeinsame Position einnehmen kann. Die gegensätzlichen Kräfte werden umgelenkt.

Ein Beispiel wären zwei Unternehmen, die eine Apfelernte kaufen wollen. Beide benötigen sie dringend. Die Positionen widersprechen sich, denn die Ernte gibt es nur einmal, kann daher nur durch eine Firma erworben werden. Über ein Erkunden der Interessen kann aber ggf. eine Kollision vermieden werden. Vielleicht benötigt eine Firme eigentlich nur die Apfelschalen, weil sie Aroma herstellen will, die andere wiederum das Fruchtfleisch für Saft. Aus den gegensätzlichen Positionen wurde das gemeinsame Interesse die einzelnen Elemente der Apfelernte zu nutzen.

Natürlich beschränken sich Konflikte nicht auf Geschäftliches, sondern können ganz allgemein auftreten. Ein Ausgleich zwischen Interessen, d.h. gegensätzliche Positionen so umzulenken, dass sie zu einer gemeinsamen Richtung werden, erfordert vor allem Gespür, Empathie und den *Willen*, eine gemeinsame Richtung zu finden. Mit diesen Grundprinzipien wie man sie im Aikido trainiert, kann ein friedliches Zusammenleben gelingen. Ohne diese Elemente, die man sich natürlich auch außerhalb des Aikido aneignen kann, ist dieses nicht möglich. Aikido ist nicht die einzige Methode, um sich dieser Elemente bewusst zu werden, aber es ist eine Art und Weise, wie man sie exemplarisch üben kann. Dies gilt insbesondere für das Wohlwollende gegenüber vermeintlichen Gegnern als Grundprinzip des Aikido.

HARA: DAS ZENTRUM BEWAHREN

„Jeder stattliche Baum, der sich über Menschen türmt, schuldet seine Existenz einem tief verwurzelten Kern."

Morihei Ueshiba, Art of Peace

Das Zentrum, Hara, ist ein wesentliches Konzept im Aikido und auch vielen anderen Kampfkünsten. Physikalisch handelt es sich dabei um den körperlichen Schwerpunkt (Westbrook, et al., 1970 S. 69), welcher für uns aufrechtgehende Lebewesen eine erhebliche Bedeutung hat, da wir während Bewegungen darauf angewiesen sind, dass der Schwerpunkt nicht abseits unserer tragenden Struktur, für gewöhnlich unsere Beine, liegt.

Darüber hinaus hat Hara aber auch eine geistige Bedeutung, ist ein Konzept, was mehr als einen biomechanischen Zusammenhang beschreibt und ist in Kombination auch übertragbar auf das alltägliche Leben. Die körperliche, gespürte Eigenschaft des Hara lässt sich gut als Bild verwenden, um sich zu verdeutlichen, was es bedeutet nicht in sich zu ruhen, sondern von äußeren Einflüssen ausgelenkt, verrenkt zu sein. Bemerkt man dies kann man seine eigene, auch geistige Haltung, korrigieren, um sich wieder in einen stabilen Zustand zu bringen.

Biomechanische Bedeutung von Hara im Aikido

Das Konzept des körperlichen Zentrums, des Zentriertseins kam schon im Kapitel über die Mechanik des Aikido auf (s. S. 21). Hara, das Zentrum, muss hinter dem Kontaktpunkt mit Uke sein, damit kein Moment, bzw. keine Kraft wirkt. Bei einer Drehbewegung bedeutet dies, dass die Drehachse die Körperachse von Tori ist, bei einer translatorischen Bewegung, also einer linearen Bewegung in eine Richtung, bedeutet dies, dass die Linie von Zentrum und Kontaktpunkt mit der Kraftrichtung Toris übereinstimmen muss. Diese wiederum darf nicht gegen Ukes Kraft treffen, d.h. sie muss versetzt dazu sein, so dass Uke dem nicht widerstehen kann. Toris Ziel ist es, Uke so zu manipulieren, dass dessen Kraft nicht mehr in einer Linie mit Ukes Zentrum ist, so dass Tori dieses bewegen kann. Dies kann z.B. gelingen in dem Ukes Körperachse verdreht wird, wie man es z.B. bei Irimi Nage kennt. Mit einer Armbewegung, die ihren Ursprung in Angriffen zum Kopf hat – Schläge oder sogar Griff zum Genickbruch – im

Aikido aber bewusst an Ukes Kopf vorbeigeht, wird Ukes Körperachse verdreht. Der darauffolgenden Krafteinwirkung von Toris Zentrum aus, kann Uke nicht mehr widerstehen und sein eigenes Zentrum wird von Tori bewegt. Dies ist in Abb. 10 zu sehen. Wie beim Kegeln wird Uke mit einem Impuls von Toris Zentrum aus, geworfen. Hinzukommt, dass Ukes Kraft beim Irimi Nage gegen ihn gerichtet wird – z.B. ein Schlag, der auf Tori ausgeführt wird so umgelenkt, dass Uke fallen muss, weil sein Zentrum nicht mehr in einer Richtung mit der Kraft liegt.

Wenn man als Tori nicht Kraft gegen Kraft wirken lassen will – was das Grundkonzept von Aikido ist – dann muss Toris Bewegung in der Mitte zentriert sein. Es ist Toris Bewegung, bei der Uke zwar gespürt werden soll, aber die nicht von Uke bestimmt wird. So kann Tori die Kraft Ukes ablenken, damit nicht Toris Mitte getroffen wird. Dies hängt mit Musubi zusammen und ist die Verschmelzung der beiden Kräfte – Toris und Ukes. Diese Ablenkung passiert durch Drehbewegungen, die horizontal oder vertikal sein können.

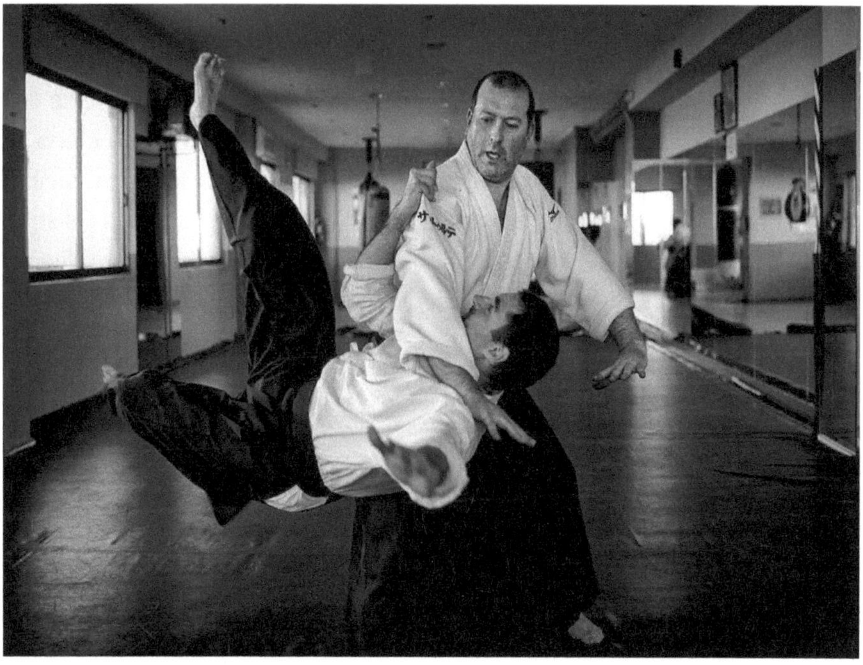

Abb. 10: Sensei Juan Carlos Santurde (6. Dan) führt einen Irimi Nage durch, in dem er die Körperachse des Uke so verdreht hat, dass dieser nicht mehr stabil stehen kann und ihn anschließend durch einen Impuls von seinem Zentrum gegen Ukes Zentrum wirft. (Quelle: MJ Elices, CC BY-SA 2.0 lizensiert, https://creativecommons.org/licenses/by-sa/2.0/deed.de)

Das Ablenken kann in einer Änderung der Bewegungsrichtung von Uke enden, aber auch in einer Weiterleitung von Uke durch Tori an deren Ende erst die Umlenkung in Richtung Boden erfolgt. Dies ist z.B. bei Kokyu-Nage-Techniken der Fall. Eine solche Methode wäre auf der rechten Seite von Abb. 8 denkbar. Entscheidend ist, dass Toris Manipulation am Ende Ukes Zentrum betrifft, ohne dass Ukes Kraft dem im Wege steht. Ist das erreicht, genügt oft ein sehr leichter Impuls, um große Wirkung zu entfalten. Ich selbst bin immer noch beeindruckt und begeistert davon mit wie wenig Aufwand, kleinsten Impulsen, man eine sehr starke Wirkung bei Uke erzeugen kann. Insbesondere spüre ich dies als Uke, wenn vermeintlich leichte Bewegungen mich weit rollen oder rasant fallen lassen.

Wirkt auf Tori ein Moment, z.B. durch eine Krafteinwirkung von Uke, kann Tori sich dem durch eine Drehbewegung um die eigene Körperachse, wo auch Hara liegt, entziehen. Tori könnte dem Moment auch versuchen zu widerstehen, aber dann wirkte wieder Kraft gegen Kraft.

Konzeptionelle Bedeutung von Hara im Aikido

In sich zu ruhen, einen Ruhepol haben, sind Bilder denen man in vielen Ratgebern und Persönlichkeitstrainings begegnet. Im Aikido hat es aber eine konkrete Anwendung, die über die Biomechanik hinausgeht. Wenn ich einen Ankerpunkt in mir selbst habe, dann gibt es kein inneres Chaos. Ich bin in meinem Geist genauso klar wie in meiner Bewegung. Ich schreibe absichtlich Geist und nicht Gedanken, denn Denken sollte im Aikido gar nicht mehr stattfinden. Die Bewegung ist verinnerlicht, der Konflikt gespürt, bzw. man ist bereit dafür.

Hier kommt es zu einer Verbindung zum Konzept des Zanshin. Das körperliche Zentriertsein ermöglicht und bedingt gleichermaßen ein geistiges. Ist meine Bewegung zentriert, dann bin ich geordnet und kann gelassen sein. Ist sie es nicht, gerät man in Stress. Wenn man aus seinem Zentrum ausgelenkt ist, bedeutet dies körperlichen Stress, weil man z.B. mit Muskelkraft kompensieren muss – was aber im Zweifel nur bedingt funktioniert, wenn meine Kraft überwunden wird. Aus diesem körperlichen Stress folgt geistiger, aus körperlichem Chaos wird geistiges.

Dies ist allerdings auch andersherum möglich. Fehlt die geistige Klarheit, Zanshin, geht dies einher mit fehlender Präzision in der Bewegung, was wiederum dazu führt, dass die Bewegung nicht zentriert ist, man wird durch Uke auslenkbar. Das Handeln erfolgt nicht fließend, man stockt und gibt so Uke die Möglichkeit sich wieder zu stabilisieren.

Wie schon im vorherigen Kapitel beschrieben, ist es ein Konzept im Aikido Kraft nach außen zu richten, um eben nicht gegen eine Kraft von Uke ankämpfen zu müssen. Diese Richtung nach außen kann aber nur gelingen, wenn man in seinem Zentrum ruht. Ansonsten besteht ja keine Verbindung zwischen Zentrum und Kraftlinie. Diese müsste dann krumm sein, was physikalisch nicht möglich ist. Wenn man also Kraft nach außen wirken lässt, dann ist dies eine Verwirklichung des Prinzips in der eigenen Mitte zu sein.

Ein wesentlicher Teil von Aikido ist es, dass man, z.B. beim Iriminage, Uke verdrängt. Das braucht das richtige Timing und den richtigen Abstand, Maai. Dann gelingt es, dass man, wenn man eintritt, sobald Uke angreift, seinen Platz einnehmen kann und ihn verdrängt. So wird Ukes Position instabil, weil seine Körperachse verbogen wird. Er kann geworfen werden, wie in Abb. 10 zu sehen.

In der japanischen Kultur ist Hara das Zentrum der Kraft, was auch im übertragenen Sinne gemeint ist, schreibt Lind (2001 S. 203f). Der Begriff des Herzens hat bei uns eine ähnliche doppelte Bedeutung. Einmal rein biologisch, aber auch im übertragenen Sinne eine emotionale Bedeutung. Im Japanischen gibt es keine Trennung von Körper und Geist. Diese beiden Elemente sind als lebendiges Subjekt miteinander untrennbar verbunden, sie sind Einheit, die im Hara ruht. (Lind, 2001 S. 203f)

In sich zu ruhen ist ein essentieller Teil des Aikido und zwar in körperlicher wie geistiger Ebene. Aikido zu betreiben übt dabei vor allem auch diese Ruhe zu erreichen und aufrechtzuerhalten. Ein Effekt, der sich auch im Alltag widerspiegeln kann.

Die Mitte im Alltag

Auch im Alltag ist es wichtig auf sich orientiert zu sein, da Beziehungen zu Menschen davon abhängen. Damit ist nicht Egoismus gemeint, aber es ist wichtig in sich zu ruhen, seine Bedürfnisse zu kennen, seine Interessen, seine Gefühle, sich.

Mathematisch ist eine Relation, also Beziehung, etwas, was ggf. in beide Richtungen geht, Eindeutigkeit ist nicht vorausgesetzt. Anders ist dies bei einer sogenannten Funktion. Beschreibt man z.B. den Temperaturverlauf über einen Tag, so kann ich jede Temperatur einer bestimmten Uhrzeit zuordnen. Es gibt eine Funktion. Man trifft dies in verschiedenen Bereichen und solche

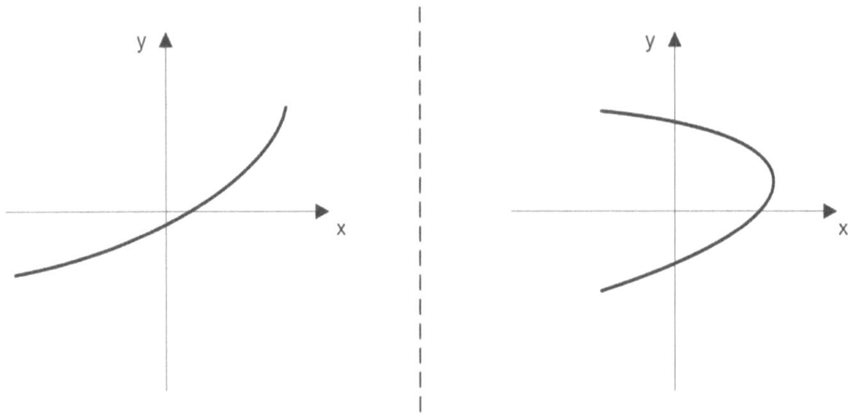

Abb. 11: Darstellung des Unterschieds zwischen einer Funktion (links) bei dem jedem Wert von *x* ein eindeutiger Wert von *y* zugeordnet ist und einer Relation (rechts) bei dem es zwei Werte für jedes *x* gibt.

mathematischen Konstrukte können beliebig komplex werden. Beispielhaft ist dies in Abb. 11 skizziert. Auch Zinsen lassen sich z.B. als Funktion eines Wachstums ausdrücken. Allgemein schreibt man $y = f(x)$. Also ein Parameter y lässt sich aufschreiben als eine Funktion f in Abhängigkeit einer Variablen x. Diese Variable kann auch mehrere Dimensionen haben, so dass es eigentlich mehrere Variablen sind. Um beim Beispiel des Temperaturverlaufs zu bleiben, könnte man neben der Uhrzeit auch den Ort als Variable aufnehmen.

Keine Sorge, dies war es dann auch mit Mathematik schon wieder. Bei einer Relation gibt es keine solche Vorschrift. Es gibt eine Verbindung, aber diese geht über eine Funktion hinaus, es gibt keine einseitige Abhängigkeit. Ruht man in sich selbst, dann ist man nicht von anderen Menschen abhängig, es gibt keine Einseitigkeit in der Beziehung, die überhaupt dann erst eine Beziehung ist, die über eine Funktion hinaus geht.

Orientiere ich mich nach außen, dann kann ich entweder ins Schleudern geraten, weil es äußere Einflüsse gibt, die ich nicht ableiten oder kompensieren kann oder aber, ich stütze mich auf unfaire Weise auf andere, beschwere sie und reduziere die Beziehung durch diese eindeutige Abhängigkeit auf eine Funktion. Die andere Person ist zusätzliches Standbein. Dabei ist es wichtig auch ohne Abstützen auf andere oder anderes stabil zu stehen. Stütz man sich hingegen auf andere, ist auch die eigene Bewegung nicht mehr frei, sondern abhängig von der anderen Person oder auch einem Objekt, einer Tätigkeit – vielleicht sogar Substanzen. Ruht man nicht in sich, droht man mitgerissen zu werden, insbesondere auch von schlechten, äußeren Einflüssen.

Bei mir hat sich diese Ausgelenktheit auf verschiedene Weise manifestiert. Einmal ein großer Drang zu arbeiten, da ich immer das Gefühl hatte, mir meine Existenz verdienen zu müssen. Ich ruhte nicht in mir, sondern suchte äußere Bestätigung meines Werts. In mir gab es viel Schmerz, Tumult, der alles andere als geeignet war, um darin zu suchen. Allerdings ist der Fokus auf das Äußere auch kein Heilmittel gewesen, da es mich eben instabil werden ließ. Ich wurde verdrängt. Dies galt auch für bestimmte zwischenmenschliche Beziehungen bei denen ich mir oft vorkam wie eine Funktion oder aber zugelassen habe, benutzt zu werden für vermeintliche Bestätigung. Genau wie es im Aikido bei einem äußeren Angriff wichtig ist, Uke zu verdrängen und somit den Angriff wirkungslos zu machen, kann dies ein Bild sein, mit dem man im Allgemeinen agiert.

Es gibt auch Menschen, die suchen für Ihre Unzulänglichkeiten immer die Schuld bei anderen. Die Verantwortung für Dinge, die z.B. in einer Freundschaft oder Beziehung nicht funktionieren liegt immer bei den anderen, reflektiert wird nicht. Das Problem daran ist, wenn dies nicht stimmt, dann kann sich keine Verbesserung einstellen. Andere kann man nicht kontrollieren, es wäre sogar unmoralisch dies zu versuchen. Mit welchem Recht sollte man andere kontrollieren (mal abgesehen von der möglichen Notwendigkeit Schaden abzuwenden)? Lediglich das eigene Verhalten obliegt der eigenen Kontrolle. Nur über unser eigenes Verhalten können wir die Welt, unsere Existenz für uns und andere verbessern. Diese Form der Eigenverantwortung bedingt aber ein in sich ruhen. Wenn man in seinem eigenen Zentrum ist, gibt man sich selbst Geborgenheit und Sicherheit.

Wenn ich gemerkt habe, dass ich "ausgelenkt" bin, dass mich äußere Einflüsse, auch aus der Vergangenheit, beeinträchtigt haben, dann hat mir das Bild aus dem Aikidotraining geholfen, mir vorzustellen wie ich mich wieder in meine Mitte begebe. Genau wie ich es, vor allem zu Anfang, oft erlebt habe, dass ich im Training ausgelenkt war und dann aktiv, willentlich mich wieder in die richtige Haltung bringen musste, tat ich dies auch bei geistiger Auslenkung. Es war eine willentliche Haltungsänderung, die auch wirklich funktioniert hat. Aus meiner Sicht war dies der Fall, weil im Aikido mit der körperlichen Haltung auch eine geistige einhergeht. Es gibt keine Trennung von Geist und Körper, zumindest nicht wenn man gesund ist. Ich war also bereits geübt darin, über das körperliche Training, willentlich auch meine geistige Haltung zu beeinflussen. Beim

Aikido lernt man sich zu zentrieren, sowohl als Uke, wo die Auslenkung Intention von Tori und die Widerherstellung der Zentrierung Übung für Uke ist, als auch als Tori, wenn eine Technik daran scheitert, dass man nicht in der Mitte ist, man also korrigieren muss. Eine solche Korrektur der Haltung im Aikido hat in der Übung auch immer eine geistige Komponente, da sofort der Stress reduziert, das eigene Tun klarer wird.

Diese Verknüpfung über das Zentrum zwischen geistiger und körperlicher Ebene hat mir außerdem geholfen, die Trennung meines Geistes von meinem Körper zu überwinden. Für mich war die Ratio, der Geist die meiste Zeit meines Lebens das maßgebliche Element. Körperliches war Beiwerk, in der Regel nicht relevant. Das Aikidotraining hat dies verbessert. Noch heute gibt es da eine Diskrepanz. Körperliche Bedürfnisse wie z.B. Durst, sind für mich schwierig erspürbar. Aber auch dies ist besser geworden und wird vermutlich auch weiter besser werden, je mehr ich im Zentrum verweilen kann, was eine Verbindung von Körper und Geist bedingt und erfordert. Der Geist gibt mir durchaus Zugang zum Aikido, z.B. über das Verstehen der Bewegungen und Prinzipien. Das vollständige Erfahren ist aber nur durch Kombination mit dem Körperlichen möglich.

WAS IST AIKIDO FÜR MICH?

„Sei sogar dankbar für jede Notlage, Rückschlag und schlechte Menschen. Mit solchen Hindernissen umzugehen ist ein essentieller Teil im Üben der Kunst des Friedens."

Morihei Ueshiba, Art of Peace

Habe ich zu Beginn allgemein beschrieben, was Aikido bedeutet, und im weiteren Verlauf die einzelnen Konzepte des Aikido, so möchte ich in diesem Kapitel meinen ganz eigenen Weg skizzieren und warum Aikido für mich eine große Bedeutung hat, die weit über das körperliche Training oder das Erlernen einer Kampfkunst hinausgeht, am Beispiel meines eigenen Erlebens aufzeigen, welchen Einfluss Aikido auf das eigene Leben haben kann. Es ist kein "vorher-nachher"-Bild, weil der Weg der Harmonie nur gegangen, aber nicht abgeschlossen werden kann. Dennoch gibt es einen Unterschied zwischen mir vor dem Aikido und nach der Begegnung und dem Üben dieser Kampfkunst. Aikido war nicht mein einziger Einfluss in meiner Entwicklung, allerdings einer der beständigsten und sicherlich ein sehr wesentlicher.

Mein Weg im Leben

Ich wurde 1981 in der DDR geboren und bedingt durch die – abgesprochene – Flucht meines Vaters wurden wir als restliche Familie durch Stasi bedroht, ausgefragt – offen und geheim. In Kindergarten und Schule war ich schnell isoliert, von Gewalt betroffen und stets damit konfrontiert niemandem trauen zu dürfen. Bezugspersonen fehlten, es gab innerfamiliäre Probleme. Zwei Jahre hielt dieser Zustand des fortwährend notwendigen Misstrauens und der andauernden Bedrohung an bis auch die restliche Familie die DDR verließ. Die äußere Bedrohung war weg, aber familiäre Schwierigkeiten blieben bestehen und in meinem Inneren hatte diese Zeit in der man lernen sollte Verbindungen zu Menschen aufzubauen, was ich aber nicht wirklich durfte, deutliche Spuren hinterlassen. Und es dauerte Jahrzehnte bis mir dies klar wurde.

Dennoch ist die Ausreise in den Westen für mich wichtig gewesen und gerade deswegen sind mir rechtliche Freiheit und Gerechtigkeit auch heute noch sehr wichtig und Bullys mag ich überhaupt nicht. Wenn ich heute durch das Brandenburger Tor gehe, was ich noch als Teil der Grenze kenne (s. Abb. 12), ist es mir jedes Mal ein Triumph, ein Triumph der Freiheit über die Diktatur eines unmenschlichen Regimes.

Auch wenn sich äußerlich vieles geändert hatte, blieb für mich das Bedrohungsgefühl. Die Folge war, dass ich an der Oberfläche ein sehr offener, freundlicher Mensch war, aber nie wirkliche Verbindungen zu anderen aufgebaut habe, bzw. sie ausleben konnte. Mein „Empfang" war blockiert, denn ich war durchaus empathisch anderen gegenüber, aber nicht mir selbst. Um nicht allzu sehr in Entwicklungspsychologie abzutauchen, sei nur gesagt: das ist bei dem Lebensweg nicht überraschend.

Wenn überhaupt hatte ich immer nur wenige Freundschaften, die in der Regel auch nicht lange hielten. Mitunter waren, auch als Erwachsener, Begegnungen durchaus intensiv und immer wieder sind mir Menschen begegnet, die sehr schnell Vertrauen zu mir gefasst haben. Lange Freundschaften sind daraus aber in der Regel nicht entstanden. So sah ich mich stets als Funktion und hatte das Gefühl nie dazuzugehören. Das wiederum bestätigte mein Gefühl, dass ich eigentlich gar nicht richtig bin, kein Mensch. Mir fehlte eine Verbindung zu mir selbst, insbesondere eine Verbindung zwischen Geist und Körper.

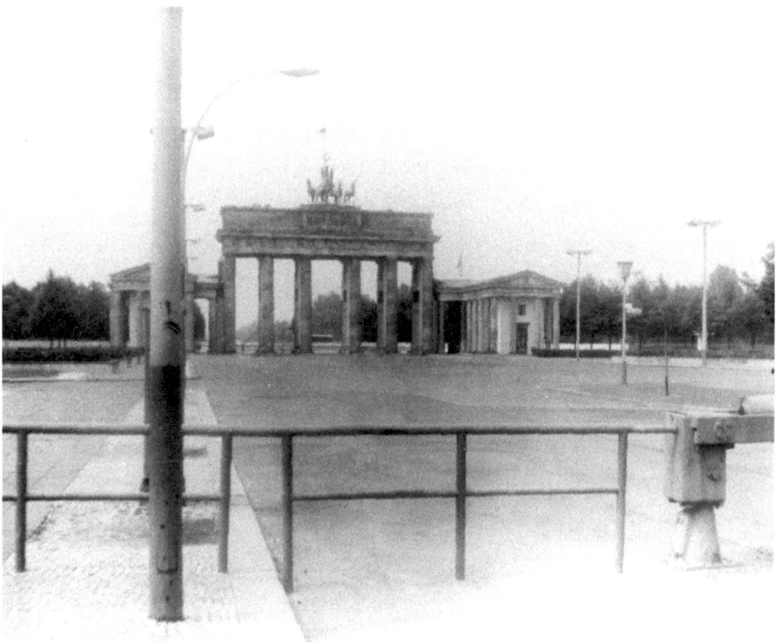

Abb. 12: Das Brandenburger Tor im Jahr 1982 mit Grenzanlagen. Dahinter als heller Streifen ein Teil der Berliner Mauer zu erkennen. (Quelle: Zika, gemeinfrei)

Mein Weg im Aikido

Gefangen hat mich im Aikido einfach die undurchsichtige Wirkungsweise. Meine Neugier war direkt von Beginn an geweckt und ich wollte, wie schon erwähnt, herausfinden, was das Geheimnis des Aikido war. Als ich schließlich mich mit meiner Vergangenheit und vor allem mit den Folgen für mein Inneres auseinandersetzen musste, hatte mir das Aikido Bilder und Werkzeuge an die Hand gegeben, um damit umzugehen.

Ich habe erst spät mit Aikido begonnen, was nicht untypisch ist und u.a. mit sogenannter erlernter Hilflosigkeit zusammenhängt (Dioszeghy-Krauß, 2017 S. 51). Damit ist gemeint, dass man das Gefühl hat, keinen Einfluss auf die eigene Lebenssituation zu haben und dafür die Verantwortung zu tragen. Dies kann z.B. durch Flucht passieren, durch gestörte Verhältnisse zu Bezugspersonen. Diese erlernte Hilflosigkeit kann ein Grund sein, warum man z.B. gerade sportliche Erfolge für unmöglich hält und daher erst spät einen Sport ernsthaft verfolgt (Dioszeghy-Krauß, 2017 S. 51).

Die Bewegung, die Notwendigkeit für eine ausgeprägte Wahrnehmung, der Fokus weg von einer Rationalität, hat mich beim Aikido etwas anderes als die Vernunft in den Vordergrund legen lassen. Ja, es hilft ein wenig, wenn man den theoretischen Teil der Kampfkunst versteht, die Physik dahinter, allerdings für die Ausübung stehen andere Dinge weit im Vordergrund. Eben der Bezug zum Körperlichen. Im Aikido gibt es keine Trennung von Körper und Geist, d.h. wenn man Aikido übt, übt man eine Aufhebung von einer solchen Trennung, die bei mir sehr ausgeprägt war.

Die Abhängigkeit von Bestätigung im Persönlichen oder Ausbleiben von dieser überzubewerten und daraus Rückschlüsse auf den eigenen Wert zu legen, ist das Gegenteil des Konzepts in seinem Zentrum zu ruhen und sich nicht von außen beherrschen zu lassen. Beim Aikido hatte ich mit der Zeit meine Wahrnehmung so geschult, dass ich erkannte, wenn ich in so einem ausgelenkten Zustand war und mich z.B. auf Uke stützte, statt selbst stabil zu stehen. Dank des Trainings konnte ich dann auch üben, meine Haltung zu korrigieren und eine stabile Position, trotz Ukes Angriff, einzunehmen.

Äußere Einflüsse, Verletzungen – die ja eigentlich Inneres trafen – im Persönlichen, ließen mich ebenso ausgelenkt sein. Schließlich leitete ich eine Strategie aus dem Aikido ab, wie ich mich nach einer solchen emotionalen Auslenkung wieder in eine stabile Haltung bekommen konnte. Genauso hat das Aikido meinen Wunsch nach Sicherheit unterstützt, denn es gibt mir die Möglichkeit mich zu verteidigen, wenn ich es muss – was ich sogar schon recht früh im Randori des Ju-Jutsu-Do-Trainings erfahren habe.

Auch wenn ich z.B. durch starke Erinnerungen in emotionale Tiefs gefallen bin, konnte ich mich daraus mit dem Bild der stabilen Haltung wieder befreien. Es war wirklich einfach eine bildliche Vorstellung, eine Absicht, die sich als Bild manifestierte und mir so einen Anhaltspunkt gab, wie ich mich stabilisieren konnte. Genauso wie im Aikido das ständige Wiederholen zu besserer Stabilität führt, war es das auch im Emotionalen. Im Zentrum ruhen ist kein Dauerzustand, sondern ein Zustand, der immer wieder hergestellt werden muss, aber je mehr man das übt, umso besser gelingt dies auch in herausfordernden Situationen. Mit der notwendigen Hilfe und Aikido als unterstützende Erfahrung, kann ich heute mein Leben ganz anders führen als früher. Losgelöst von vergangenen Erlebnissen. Nicht im Sinne von verdrängt, oder vergessen, sondern im Sinne von integriert in ein gemeinsames Zentrum. Es sind keine äußeren Kontaktpunkte mehr, die mich aus der Bahn lenken, zumindest nicht dauerhaft.

Aikido hat meine Wahrnehmung und meinen Zugang zu meinem Empfinden verbessert, weil es notwendig ist, um Aikido zu beherrschen, aber auch einfach immer wieder geübt wird. Heute habe ich ein deutlich besseres Empfinden von meinen Bedürfnissen als früher. Aber genauso hat das Training mir oft Beruhigung verschafft, wenn ich einen besonders schwierigen Tag hatte. Die routinierte Bewegung, das Einlassen auf etwas, was sowohl meinen Geist als auch mein Empfinden betraf, half mir Dinge hinter mir zu lassen, die mich den Tag über belastet hatten und haben – die Gedankenautobahnen wurden unterbrochen.

So hat Aikido mir sehr geholfen einen Weg zu mir selbst zu finden und tut dies natürlich noch immer. Ich bin ein deutlich stabilerer Mensch, der auf dem Weg der Harmonie gewachsen ist.

Besonders spannend ist, wenn man die Prinzipien des Aikidos erkannt und in das eigene Leben eingelassen hat, dass man sie viel besser trainieren kann. Die Prinzipien des Aikidos, des Hara, Zanshin oder Musubi übe ich – ohne die Technik der Kampfkunst natürlich – auf einer geistigen Ebene nun viel häufiger. Aus etwas, was nur auf der Matte passiert, ist ein Streben geworden, was im Alltag Resonanz findet und mich begleitet. Ich bin nicht mehr ausschließlich auf die Technik angewiesen, auch wenn mir diese immer noch sehr hilfreiche Werkzeuge sind und mir Freude bereiten.

Die gedanklichen Bilder aus dem Üben des Aikidos oder Begriffe wie Zanshin ermöglichen es mir außerdem ein Konzept, z.B. das Zurückkehren ins eigene Zentrum, schnell abrufbar zu machen. Statt mit komplizierten und langwierigen Gedanken, die in schwierigen Situationen schwer zu formulieren sind, zu versuchen z.B. einen Ruhepol zu finden, habe ich dafür die Bilder und Konzepte des Aikidos. Einmal verstanden stehen sie für einen Zustand, der dadurch greifbarer wird. Sie dienen als Anker. Bemerke ich, dass ich unaufmerksam bin, rufe ich mir das Konzept von Zanshin in den Sinn. Bin ich emotional ausgelenkt, rufe ich mir Hara ins Gedächtnis und habe direkt Zugriff auf das Gefühl, das Sein dahinter und kann es viel leichter finden.

DER GRASHALM: AUFNAHME UND DURCHLÄSSIGKEIT

„Der Mond scheint wirklich da zu sein. Schlägt man aber auf die spiegelnde Wasseroberfläche, so ist da nichts. Genauso sollte dein Gegner nichts Festes zum Schlagen finden."

Morihei Ueshiba, Art of Peace

Die vorherigen Kapitel beinhalteten eine Auseinandersetzung mit drei Kernkonzepten des Aikido und eine Erläuterung der Bedeutung für mich selbst. Innerhalb der Kapitel habe ich auch Verbindungen aufgezeigt, in diesem Kapitel geht es aber um eine Synthese. Letztlich handelt es sich bei diesen drei Kernkonzepten um einen Dreiklang, der dasselbe einheitliche Paradigma beschreibt, was Aikido bedeutet. Eigentlich ist das ein schönes Echo des Harmoniegedankens im Aikido, finde ich.

Synthese von Zanshin, Musubi und Hara

Um Aikido zu praktizieren, muss man sowohl Zanshin, Musubi als auch Hara beachten. Alle diese Dinge sind keine rein mechanische Fertigkeiten und gehen über Technik weit hinaus. Vielmehr sind die verschiedenen Techniken Vehikel, um diese Kernkonzepte zu verinnerlichen und immer wieder zu üben. Im Idealfall wird die Technik dann immer weniger bedeutsam.

Mit Zanshin hat Tori die gesamte Situation im geistigen Blick, wobei natürlich alle Sinne angesprochen sind, allerdings von seinem Zentrum aus in dem Tori gelassen ruht. Es gibt keinen Fokus auf einen bestimmten Punkt, z.B. wo Uke angreift oder Gedanken, z.B. welche Auseinandersetzung man auf der Arbeit hatte. Diese Klarheit und Gelassenheit erlauben Tori den Kontakt, Musubi, zu Uke zu spüren, ohne aber darauf versteift zu sein und dies zum Zentrum des Handelns zu machen. Wieder ist entscheidend, Hara zu bewahren und im Zentrum zu bleiben. Dies ist ebenso wichtig, um die Kraft von Uke umlenken zu können, sich zu bewegen. Gleichzeitig bewirkt die Gelassenheit, dass man geistig bei sich bleibt und nicht in einen Kampf hineingezogen wird, wo man rein emotional, gewalttätig reagiert. Gelassenheit ermöglicht besonnen zu agieren, pazifistisch einen Konflikt mit möglichst wenig Schaden für alle Beteiligten zu beenden.

Ukes Kraft wird gespürt, aber abgeleitet, statt mit Kraft begegnet. Ebenso muss Uke die Kraftwirkung von Tori durchlassen, statt sich zu versteifen, weil sonst Verletzung droht, mindestens Unbeweglichkeit, die bedeutet, dass man verwundbar ist. Gemeint ist nicht gehorsames Nachgeben, damit Tori und Uke nur eine abgesprochene Choreographie vollführen, sondern gemeint ist, erspüren wie der Kraftfluss ist, um diesem unangespannt folgen zu können.

Ich schreibe absichtlich "unangespannt" statt "entspannt", weil man mit Entspannung oft Schlaffheit verbindet, was aber nicht gemeint ist. Es erfordert eine normale, natürliche Körperspannung, um sich natürlich zu bewegen. Ohne diese, bewegt sich z.B. der eigene Arm, wenn Tori eine Bewegung vollführt, aber der eigene Körper kann nicht mitgehen. Im ersten Moment mag dies wie ein gekonnter Trick aussehen, um eine Aikidotechnik zu überwinden, allerdings stellt ein solches Verhalten gar keinen echten Kontakt dar. Uke kann so keine Kraft wirken lassen, d.h. es gibt natürlich keine Kraft, die Tori umlenken kann. Schlimmer aber ist, dass Uke in diesem Fall wehrlos und hilflos ist. Ohne Körperspannung kann Uke weder bemerken wo Tori steht und wie Tori agiert, noch kann Uke sich verteidigen, wenn es z.B. zu einem Schlag kommen sollte.

Auch wenn man in der Regel im Aikido nicht wirklich schlägt, ist es hilfreich sich des Kampfgedankens zu bedienen, um zu verstehen, dass Uke nicht beliebig frei in seiner Bewegung oder seinem Handeln ist, nachdem der Angriff durch ihn selbst initiiert wurde. Gerade auch um diesen Umstand zu verdeutlichen werden auch im Aikido Atemi, also Schläge angedeutet. Andere Techniken wie Irimi Nage nutzen angedeutete, bzw. umgewandelte Schläge, die an Uke vorbeigehen, um Uke zu werfen. Trotz oder viel mehr gerade wegen der pazifistischen Grundhaltung im Aikido ist es wichtig, dass Angriffe und Atemi-Techniken ernsthaft erfolgen, ansonsten kann der Umgang damit nicht richtig geübt werden. Aikido bedeutet das Umlenken der Kraft des Angreifers, also muss auch eine Kraft vorhanden sein, die man Umlenken kann; der Angriff muss echt sein. Dies erst ermöglicht z.B. Gelassenheit in so einem Konflikt zu üben, aber auch Durchlässigkeit und Unangespanntheit.

Wie alle Prinzipien üben sowohl Uke als auch Tori diese Durchlässigkeit und die Unangespanntheit. Diese Unangespanntheit, eine körperliche Spiegelung der geistigen Gelassenheit (und andersherum) ermöglicht, dass man Kraft nach außen fließen lassen kann und nicht gezielt auf Ukes Kraft. Nach außen fließen lassen kann man diese Kraft auch nur, wenn man im Zentrum, Hara, ruht. So verbinden sich diese Konzepte zu einem Ganzen.

Im Aikido geht es darum, äußere Einflüsse wahrzunehmen, sie ggf. aufzunehmen und dann abzuleiten, ihnen auszuweichen. Die eigene Durchlässigkeit erlaubt dabei äußere Einflüsse abzulenken, ohne das Risiko einzugehen zu zerbrechen. Im Aikido findet man daher keine Blocktechniken wie z.B. im Karate oder Ju-Jutsu, sondern stets nur Umlenkungen.

Ein Grashalm ist ein aufgerichtetes Gewächs, was nicht besonders fest ist – anders als z.B. ein Baum oder Strauch. Er ist sehr weich und beweglich. Dennoch ist er aufgerichtet, hat also eine gewisse Eigenspannung, denn seine Fasern tragen die Struktur des Grashalms. Er ist aber biegsam, kann sich äußeren Einflüssen anpassen, Kräften ausweichen, damit er nicht bricht. Nun kann ein Grashalm seine Position nicht ändern, aber das Bild (s. Abb. 13) taugt dennoch, um zu verdeutlichen, was man sich mittels Aikido oder für das Aikido bei ihm abschauen kann. Die Durchlässigkeit, das Aufnehmen und Ableiten von Kräften, z.B. von einem Windstoß, ist geradezu Teil seiner Natur und er ist ein schönes Bild für das, was man im Aikido realisieren sollte.

Im Wind des Lebens wehen

Das Bild des Grashalms ist nicht weniger passend im übertragenen Sinne und beschreibt wie die Konzepte des Aikido im Leben angewandt werden können. Eine wesentliche Voraussetzung ist dabei zunächst die Wahrnehmung. Wir müssen spüren, was passiert, was uns z.B. trifft und belastet. Das klingt zunächst trivial, aber eigentlich ist es dies nicht. Wenn wir wütend oder traurig werden, manchmal vielleicht wegen Nichtigkeiten, kann es helfen nachzuspüren, warum dies so ist. Betrifft ein Ereignis, vielleicht ein gesprochenes Wort, eines unserer unerfüllten Bedürfnisse? Reißt es Wunden auf? Dann gilt es solche Angriffe auf unsere Stabilität, ob intendiert oder zufällig, aufzunehmen und abzuleiten, damit sie nicht destruktiv werden. Dies kann nur gelingen, wenn wir in unserem Zentrum sind. Dann können wir uns bewegen, um den Angriff abzulenken, ohne daran zu zerbrechen.

Zunächst klingt dies wie eine Binsenweisheit. Man muss also in sich ruhen, um in sich zu ruhen. Das ist leichter gesagt als getan und bedarf einer nicht unerheblichen Introspektive. Aber man kann das üben. Insbesondere wenn man seine "Baustellen" kennt, z.B. in Rahmen von Therapien oder Coachings

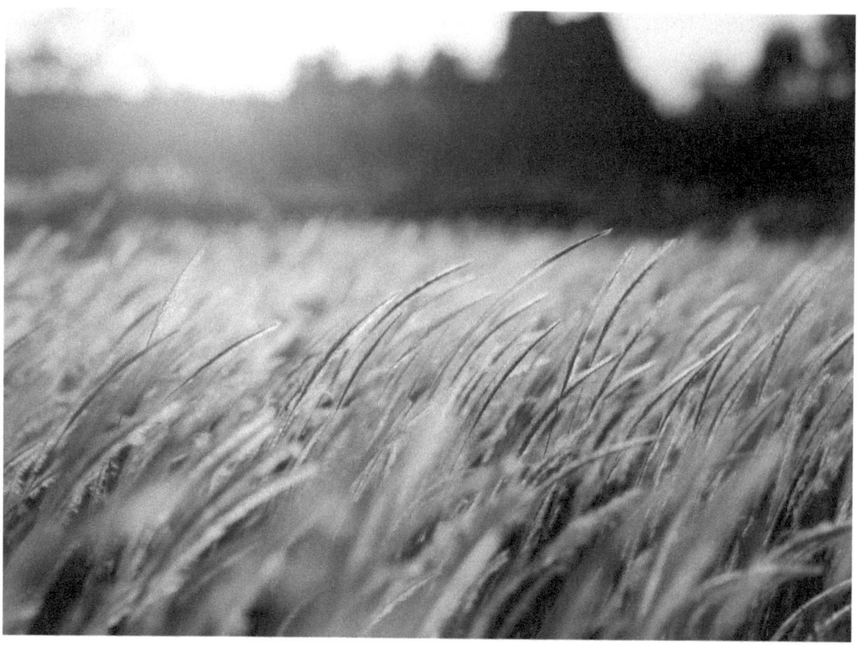

Abb. 13: Biegsames Gras wiegt sich im Wind ohne zu zerbrechen. Es leitet die Kraft des Windes ab. (Quelle: Kiều Trường, linzenzfrei)

kennenlernt. Im ersten Moment klingt es wie eine unlösbare Aufgabe oder pseudo-intellektuelles Paraphrasieren. Aber darum geht es nicht. Es geht darum sich selbst zu kennen und erst einmal eine Absicht zu entwickeln, nämlich in sich zu ruhen, gerade, wenn man von äußeren Einflüssen ausgelenkt wird. In sich zu ruhen, wenn es keinen äußeren Einfluss gibt, ist banal. Aber das Bild wieder zur Mitte zurückzukehren, kann einem helfen dies auch emotional zu vollziehen, dafür überhaupt eine Aufmerksamkeit und Absicht zu entwickeln. Ein Gespür. Ohne zu merken, dass man emotional ausgelenkt wird und eine Absicht zu entwickeln, wieder ins Zentrum zurückzukehren, kann diese Rückkehr ins Zentrum gar nicht erfolgen.

Um Wirkungen abzulenken, ist es wichtig, die Traumata, Verletzungen, Fehler erst einmal anzunehmen. Ignorieren, Blockieren, oder Vergraben können Vermeidungsstrategien sein, die im Alltag kurz helfen, aber sie sind nicht nachhaltig und mit zusätzlichem Stress und Problemen, wie z.B. Entfremdung oder Isolierung verbunden.

Ebenso ist es wichtig, nicht bei dem jeweiligen Angriff auf uns geistig zu verharren, insbesondere nicht, wenn er objektiv gar kein Angriff war. Auch dies ist leichter gesagt als getan und braucht immer wieder Übung. Mit Übung erkennt man aber, dass man auf Gedankenautobahnen festhängt, die einen z.B. über Erlebtes grübeln lassen, Selbstzweifel immer wieder in die Gedanken spülen oder die immer gleichen Emotionen hochkommen lassen. Gerade in so einer Situation ist es auch wichtig, dass man – genau wie beim Aikidotraining – nicht verbissen wird und Scheitern annimmt. Ohne Scheitern gibt es gar kein Vorankommen. Beim nächsten Mal erkennt man ggf. eher, dass man auf einer Gedankenautobahn gefangen ist, dass man am Kontaktpunkt festhängt, statt in sich zu ruhen und den Angriff ableiten zu lassen. Dass man umgeknickt ist, statt den Wind anzunehmen und vorbeizulassen.

In dem Moment, wo man dies erkennt, ist man zumindest nicht mehr hilflos ausgeliefert. Man hat überhaupt erst die Chance etwas zu unternehmen. Wahrnehmung ist die Grundvoraussetzung dafür eine Absicht zu entwickeln und danach zu handeln. Hat man die Wahrnehmung also herausgebildet – und Aikido schult die Wahrnehmung sehr fein – dann kann man also nächsten Schritt versuchen entsprechend zu handeln und sich wieder ins Zentrum zu bringen. Für mich ist dies tatsächlich eine bildliche Vorstellung, die ich aus meinem Erleben im Aikido ziehe. Das Bild hilft mir Absicht und Handlung sofort geistig greifbar und damit durchführbar zu machen, ohne dafür lange Absichten zu geistig zu formulieren. Ganz genauso wie ich gedanklich die Absicht erzeuge z.B. ein Glas zu greifen. Es existiert eine Vorstellung, die umgesetzt wird. Das spannende ist, dass diese Absicht zu haben und dann „einfach" zu machen im Aikido nicht weniger wichtig ist – aber alles andere als trivial. Durch ständiges Üben wird das Handeln der Absicht entsprechend aber immer häufiger erfolgreich. Und so ist es auch beim emotionalen Ausgelenktsein.

VON KRIEGSKUNST ZU KUNST DES FRIEDENS

„Wir alle sind Teil derselben Menschenfamilie und sollten zusammenarbeiten, um Zwietracht und Krieg aus unserer Mitte zu vertreiben. Ohne Harmonie werden unser Land, unsere Welt und unser Universum vernichtet werden."

Morihei Ueshiba, Art of Peace

In den vorangegangenen Kapiteln habe ich über die verschiedenen Aspekte, Konzepte des Aikido geschrieben und wie sie aus meiner Sicht übertragbar sind auf das ganze Leben, auch außerhalb des Dojos. Aikido ist eben ein Weg und nicht ein bloßer Sport. In diesem Kapitel möchte ich dieses Paket zusammenschnüren und die Elemente in ein Gesamtbild legen, da sie natürlich alle zusammenhängen.

Im Deutschen wird Aikido Kampfkunst genannt, im Englischen lautet der Begriff "Martial Art", also martialische Kunst, Kriegskunst, abgeleitet vom römischen Kriegsgott Mars. Ich finde dieser Begriff beschreibt das Erbe von Aikido deutlich passender. Aikido ist aus den Fertigkeiten entstanden, die Berufskrieger typischerweise von Kindheitstagen an gelernt und während ihres Lebens, das häufig von zahlreichen Kriegen und kämpferischen Auseinandersetzungen geprägt war, anwendeten. Politisch, geographisch und kulturell bedingt konnte sich die japanische Kriegerkaste länger an der Macht halten als es z.B. in Europa der Fall gewesen ist. Für viele Jahrhunderte herrschte in Japan eine Militärregierung, das Shogunat, und bewahrte gesellschaftliche Strukturen, die anders als z.B. in Europa traditionelle Machtverhältnisse aufrechterhielt, auch wenn sie eigentlich überholt waren. Überholt in dem Sinne, dass während der Edozeit Krieg nicht mehr vorkam und deswegen eine Dominanz der Kriegerkaste keineswegs zwangsläufig war. Die Änderungen kamen mit der Meji-Restauration dann historisch gesprochen fast schlagartig, was allerdings gleichermaßen zu einer starken Romantisierung der Samuraizeit führte. Einerseits befand sich Japan in einem Umbruch, andererseits versuchte man alte Traditionen nicht untergehen zu lassen.

So wurde aus vielen Kampfkünsten, „Jutsu", Wege „Do". Die Anwendung für den Krieg wurde nachrangig, die Anwendung für die individuelle Entwicklung vorrangig.

Nach dem furchtbaren zweiten Weltkrieg, bei dem Japan auf Seiten Nazi-Deutschlands stand und selbst für grauenhafte Kriegsverbrechen die Verantwortung trug, wurde unter politischem Mandat noch einmal pazifistischer. Nahkampf hat heute in kriegerischen Auseinandersetzungen keine große Bedeutung mehr. Schlachten werden mit modernster Technik im Zweifel über tausende Kilometer Entfernung geschlagen und glücklicherweise leben die meisten von uns in friedlichen Ländern und müssen eigentlich nicht Kämpfen lernen, um ein schönes Leben zu führen. Also ist eine Kampfkunst anachronistisch, scheint es.

Man unterscheidet im Deutschen Kampfkunst und Kampfsport. Obwohl oft so verwendet, sind diese Worte nicht synonym. Im Kampfsport steht der Wettstreit mit anderen basierend auf bestimmten Regeln im Vordergrund. Auch wenn vielleicht alle der hier beschriebenen Auswirkungen von Aikido auf das eigene Leben auch bei Kampfsportarten zu finden sein können, steht doch die Auseinandersetzung mit anderen im Vordergrund. Wettstreit und Konkurrenz sind evolutionär erworbene Notwendigkeiten, die der Mensch auch nicht loswerden wird. Diese Bedürfnisse in Wettkämpfen zu befriedigen, sich zu messen, darin zu wachsen, ist auch nichts Verwerfliches und insbesondere in Kampfsportarten geht es immer auch um Respekt den anderen gegenüber. Allerdings beeinflusst der Regelkodex des jeweiligen Sports auch, wie sich die jeweilige Kampfsportart entwickelt. Im Judo beispielsweise sind viele der ursprünglichen Techniken in den letzten 100 Jahren verschwunden, weil sie nicht zum Sport passten oder als zu gefährlich angesehen wurden. Regeln eines Kampfsports bedeuten auch eine Entfernung von einer realistischen Kampfsituation, die niemals von Regeln geprägt ist.

Aber was ist der Sinn einer Kampfkunst? Selbst der Wettstreit ist hier nicht vorhanden. Wo ist der Kampf? Wofür kämpft man, wenn man eine Kampfkunst betreibt? Was bekämpft man?

Aikidoprinzipien im Persönlichen

Die Prinzipien, Konzepte, das Paradigma von Aikido können helfen, die eigene Persönlichkeit, das Innere zu entwickeln. Auch wenn es keinen äußeren Kampf gibt, so ist man im Alltag häufig mit inneren Kämpfen beschäftigt. Seien es frühere Trauma, die uns nicht loslassen, Stress durch Arbeit, Streitigkeiten mit Mitmenschen.

Das Ruhen in sich selbst bedeutet, dass man sich genug ist. Man kann sich selbst Geborgenheit geben. Viola Dioszeghy-Krauß (2017 S. 157ff) beschreibt in der Buchfassung ihrer Dissertation, das japanische Konzept Amae, welches kindliche Abhängigkeit von Eltern, insbesondere der Mutter meint und in der japanischen Kultur und Gesellschaftsstruktur eine relevante Rolle spielt. Sie beschreibt auch, wie dieses Konzept im Aikido realisiert wird, z.B. wenn man als Uke die Abhängigkeit von Tori erlebt. (2017 S. 157ff)

Ich erlebe dies im Aikido tatsächlich gänzlich anders. Wirft mich beispielsweise Tori, folge ich dem nicht willfährig, sondern sobald ich kann, agiere ich autonom und ich warte auch auf genau diesen Moment. Als Uke ist es außerdem mein Bestreben meinen Angriff aktiv auszuführen, um Tori das Üben zu ermöglichen, aber auch um mich zu schützen. Sobald eine Technik ausgeführt ist, begebe ich mich mit Ukemi, also einer Falltechnik, in eine sichere Position. Mein Agieren ist nicht losgelöst von Tori, denn ich bin in Kontakt, aber ich bin auch nicht abhängig im Sinne von absichtslos. Ich bleibe ein Individuum mit einer gewissen Absicht, auch wenn sie ggf. nur simuliert ist, nämlich z.B. einen Angriff auszuführen.

Stefanie Stahl hat ein sehr erfolgreiches Buch (Stahl, 2015) über die Auswirkungen von Kindheit auf unser Erwachsenenleben geschrieben, in dem sie z.B. die Relevanz der Bedürfnisse von Autonomie und Sicherheit aufzeigt (Stahl, 2015 S. 36ff). Im Aikido erlebt man beides. Als Uke strebe ich nicht weniger nach Autonomie als Tori, denn ich agiere stets so, dass ich hinter meiner Kraft stehe – auch wenn dies zwangsläufig nicht gelingt, wenn Tori seine Technik richtig ausführt. Aber sobald sie ausgeführt ist, kann ich wieder autonom handeln – mit der Einschränkung, dass es meine Aufgabe ist anzugreifen. Als Tori agiere ich ebenfalls autonom, ich bleibe in meinem Zentrum, bin präsent in mir und der Umgebung, ohne aber selbst manipuliert zu werden. Dieses Konzept gibt mir Sicherheit, die Sicherheit vor Ukes Angriff. Möglicherweise negative Erfahrungen in der Vergangenheit, z.B. in Form von ausgeliefert sein, können so durch wiederholtes Erleben des Gegenteils durch positive Erfahrungen ergänzt werden.

Führe ich eine Aikidotechnik korrekt aus, bin ich nicht ausgeliefert, sondern sicher und geborgen. Natürlich ist dies kein Absolut. Mir kann ein Fehler passieren, die Technik scheitert dann. Aber das vorher empfundene, verinnerlichte Absolut der Unsicherheit, der allgegenwärtigen Bedrohung wird eben auch in seiner Wahrhaftigkeit in Frage gestellt und für mich zumindest letztlich negiert.

Im Aikido wird das allerdings nur möglich, in dem man in sich ruht. Es ist ein gewisses Paradoxon. Wenn man sich in sich selbst geborgen fühlt, ist man geborgen, sonst nicht. Immer wieder muss man aber diesen Zustand herbeiführen und immer wieder erlebe ich im Training das falsche Versprechen des Gegenteils: Einfach mal mit Kraft machen, einfach mal den äußeren Kampf gewinnen, das liegt doch viel näher, um Sicherheit zu bekommen – was passiert? Das Gegenteil. Setze ich Kraft an, merkt Uke sofort „wo ich bin" und kann dagegenhalten. Die Technik scheitert. Im besten Fall, kommt es zum „Gerangel" aus dem ich mich durch Rückbesinnung (die nun umso schwerer ist) wieder befreie, oder ich komme in eine Position in der eigentlich ich fallen würde.

Der Versuch des Beherrschens durch (nicht zwangsläufig körperliche) Gewalt, durch Dominanz, ist ein häufig anzutreffendes Phänomen. Mitunter als „Männlichkeit" oder „Durchsetzungsstärke" verklärt, ist dies vor allem aber Äusserung des Gegenteils. Man fühlt sich in Wirklichkeit unsicher und versucht diesen Umstand durch Gewaltanwendung, z.B. durch lautes Brüllen oder verletzende Worte, zu ändern. Erfolg hat das eher nicht. Selbst wenn man z.B. einen Gegenüber zum Schweigen bringt, kann dies zum einen Beziehungen erheblich (zer)stören, seien sie beruflicher oder persönlicher Natur, aber zum anderen hat man die Situation nur scheinbar kontrolliert. Das eigentliche Problem bleibt bestehen und damit wird man immer wieder in vergleichbare Situationen geraten bei denen es dann auf ein Kräftemessen hinausläuft, das man verlieren kann. In jedem Fall besteht die große Gefahr, dass man die Beziehungen verliert.

Nur, wenn man sich selbst Geborgenheit geben kann, so wie man es beim Aikido übt, läuft man nicht Gefahr in Konflikten so destruktiv zu reagieren. Aikido ist hier kein Allheilmittel, insbesondere muss man natürlich eine solche Transferleistung schaffen, aber es kann ein Modellbeispiel sein, wie in sich ruhen einen ausgleichenden Kontakt zu anderen Menschen schaffen kann, so dass man potentielle Gefahren ablenken kann, statt den Gegenüber zu zerschlagen. Aikido benötigt und trainiert so sich selbst zu vertrauen, darauf zu vertrauen, dass man sich selbst vor Attacken schützen kann und dies am besten in dem man nicht selbst gewalttätig wird, sondern die Gewalt ablenkt. Das in sich ruhen in dem alle Körperteile eine Einheit bilden, die Gelassenheit lässt sich als Konzept auf die Persönlichkeit, das Empfinden ausweiten, welches die persönlichen, negativen Erfahrungen der Vergangenheit betrifft. Die in der Kindheit prägenden, negativen Erfahrungen führen zu einem Verhaltensanteil, der z.B. unsicher, ängstlich vielleicht auch aggressiv ist, weil die genannten

Grundbedürfnisse nicht erfüllt wurden. Die im Aikido trainierte Integration zu einem Ganzen, die Harmonie, kann Hilfestellung sein und war es bei mir, die Persönlichkeitsteile, die durch die negativen Erfahrungen geprägt sind mit denen zu vereinen, die positive gemacht haben. Dem Buchtitel von Stefanie Stahl (Stahl, 2015) folgend, kann das Kind in einem Heimat finden und Schutz. In einem selbst ruhen.

Ebenso trainiert Aikido die Wahrnehmung. Sowohl die des Inneren als auch des Äußeren. Eine ausgeprägte Wahrnehmung von Gemütszuständen anderer ist nicht selten eine Folge von Lebenssituationen, insbesondere in der Kindheit, die wie in meinem Fall von Unvorhersehbarkeit und Unsicherheit geprägt sind.

Selbst sehr subtile Dinge sind mir aufgefallen. Mein Abgeschottetsein von mir selbst hat aber bezogen auf mich selbst das genaue Gegenteil bewirkt. Diese Diskrepanz tauchte auch in der Bewertung auf. Ich bin der festen Überzeugung, dass Menschen einen inhärenten Wert haben, dass die Würde des Menschen unantastbar ist, wie unser Grundgesetz so treffend formuliert. Mir gegenüber habe ich einen solchen Wert allerdings nicht empfunden, sondern musste ihn stets verdienen, z.B. mit Verbissenheit, mit übermäßiger Leistung, mit Aufopferung. Mit Verbissenheit kommt man im Aikido nicht weiter, gelassene Präsenz ist ja das Gebot der Stunde. Aber genauso braucht es eine sehr ausgeprägte Selbstwahrnehmung. Ich habe heute eine deutlich bessere Wahrnehmung von mir selbst als zu Beginn meines Aikidotrainings. Diesen Effekt kann man sicherlich auch in anderen Sportarten finden bei denen es auf körperliche Koordination ankommt, ist aber eben auch ergänzender Effekt im Aikido.

Insgesamt habe ich durch Aikido also eine bessere Wahrnehmung von mir bekommen, damit von meinen Bedürfnissen, aber auch ein starkes Geborgenheitsgefühl. Gerade die fehlende Wahrnehmung hat oft dazu geführt, dass mir Bedürfnisse erst bewusstwurden, wenn der Druck durch fehlende Erfüllung der Bedürfnisse so groß wurde, dass dies zu Konflikten geführt hat. Ebenso erlebe ich Verbindung zu anderen Menschen, die notwendige Verschmelzung widerspricht meiner erlernten Abschottung. Aikido war dafür nicht das einzige Mittel, aber es hat die anderen Maßnahmen ergänzt und hat mir in vielen Situationen ein Bild an die Hand gegeben mit dem ich mich auch emotional und geistig wieder ins Gleichgewicht, ins Zentrum bringen konnte.

Schaut man auf die Strategien, die Stefanie Stahl (2015 S. 182ff) für das Erreichen eines „vernünftigen Erwachsenen"-Seins (ebenda) nennt, dafür sich von falschen Eindrücken zu lösen, die sich aus früheren Erfahrungen manifestieren statt dem tatsächlichen Sein des Moments, so erkennt man, dass es viele Übereinstimmungen mit Aikido gibt. Auch hier sei noch einmal betont, dass ich Aikido nicht als Heilmethode sehe oder Ersatz dafür, sondern als einen Weg, die Dinge zu üben, die uns zu einem gesunden Geist, Leben führen. Da seien z.B. Wohlwollen (2015 S. 199ff) und Empathie (2015 S. 222ff) gegenüber anderen genannt. Beide sind Grundvoraussetzung des Aikido, denn es geht darum den Gegner, Uke, als Mensch zu sehen, ihn nicht zu zerstören, sondern von Angriffen abzuhalten, damit anschließend Harmonie, eine friedliche Koexistenz möglich ist. Die Entwicklung der Konfliktfähigkeit (2015 S. 213ff) ist im Grunde der Kern des Aikido. Ein Konflikt wird ja bei jedem Training geübt mit dem Ziel den Konflikt zu bereinigen, ohne den Gegner zu vernichten. Solche Konzepte zeigen sich z.B. auch in der Methode der gewaltfreien Kommunikation.

Konfliktbewältigung bedeutet allerdings mitnichten Konfliktvermeidung. Harmonie bedeutet nicht immer nachzugeben, sondern auch im Sinne des Aikido für sich einzustehen, ohne aber in Gewalt zu explodieren. Harmonie bedeutet in meinen Augen auch, dass man für Menschen eintritt, insbesondere, wenn sie es nicht selbst können. Harmonie betrifft nicht nur Menschen, sondern das gesamte Sein. Den richtigen Zeitpunkt zum loslassen (2015 S. 219ff) muss man im Aikido zwangsläufig erkennen – sowohl als Uke als auch als Tori, damit man korrekt eine Technik beenden, bzw. sich von Tori entfernen kann. Grenzen zu setzen (2015 S. 230ff) ist ebenfalls Kernelement von Aikido – man schützt sein eigenes Umfeld im Aikido, kontrolliert dort, wenn es notwendig ist, Uke, um sich selbst vor Schaden zu bewahren. Es braucht Gelassenheit, daher muss man seine Gefühle beherrschen (2015 S. 244ff) und kann nicht impulsiv agieren. Trägheit (2015 S. 261ff) widerspricht der Agilität die man im Aikido benötigt und einer ankommenden Kraft nicht mit Widerstand (2015 S. 267ff) sondern Gewandtheit zu begegnen ist der grundlegende Abwehrmechanismus des Aikido. Schließlich ist Aikido ein Interesse, dem man ausführlich nachkommen muss (2015 S. 270ff), wenn man es erfolgreich lernen will. Aikido ist also eine Verwirklichung, ein Fallbeispiel für viele Konzepte, die zu einem erfüllten Leben führen können.

Aikidotechniken lassen sich vor allem mit anderen üben. Grundlagen, z.B. Schrittfolge können auch zu Hause im „stillen Kämmerlein" einstudiert werden, um Routine zu verbessern, aber für das Üben der eigentlichen Inhalte müssen wir die Hilfe von anderen in Anspruch nehmen. Einzelne Aspekte des Aikido, wie z.B. Präsenz, Zanshin, sind aber auch in alltäglichen Handlungen auffindbar.

Wenn ich beispielsweise koche, kann ich völlig bei dieser Tätigkeit sein und darauf achten mich nicht ablenken zu lassen, ich bin präsent und übe mich in Zanshin. Insgesamt ist Aikido aber etwas, was Menschen verbindet und seine Konzepte sind auch über den individuellen Maßstab hinaus anwendbar.

Aikidoprinzipien im Allgemeinen

Ich habe ja schon z.B. im Kapitel über Kraftumlenkung beschrieben (S. 48), wie z.B. Verhandlungen mit den Prinzipien des Aikido übereinstimmen können, selbst Verhandlungen auf großem Maßstab. Als Kampfkunst hat Aikido nicht nur den Sinn der Verteidigung, sondern im Gegensatz zu vielen anderen Kampfkünsten achtet es dabei auch sehr stark auf den Schutz des Angreifers. Ein Angriff wird unmöglich gemacht, eine Verletzung ist nicht das Ziel.

Körperliche Unversehrtheit und Leben finden sich als Menschenrechte beispielsweise im deutschen Grundgesetz (z.B. Artikel 2) oder auch in der Europäischen Menschenrechtskonvention (z.B. Artikel 2 und 3). Daraus abgeleitet findet man in Rechtsstaaten typischerweise die Vorschrift, dass auch wenn Gewalt eingesetzt wird, sei es als Notwehr oder durch Vollzugsbehörden, das mildeste, wirksamste Mittel einzusetzen ist. Sieg, selbst über Unrecht, darf also nicht um jeden Preis erfolgen. Schubst mich jemand, darf ich mich dagegen wehren und kann dies z.B. mit Aikido auch. Totschlagen darf ich die Person aber zurecht nicht. Die Zurückhaltung von nicht notwendiger Gewalt ist ein Kernelement des Aikido und offenbar auch eines, was anderweitig Grundelement des menschlichen Zusammenlebens ist. Ich möchte noch einmal betonen, dass dies nicht Wehrlosigkeit bedeutet. Oft wird Pazifismus als etwas verstanden, was absolute Abstinenz von Gewalt bedeutet – das ist tatsächlich das genaue Gegenteil. Gewalttäter gewähren zu lassen, ermutigt sie zu mehr Gewalttaten, denn der Erfolg ist eine positive Verstärkung ihres Verhaltens. Gewalttätern nicht entgegenzutreten schafft mehr Gewalt nicht weniger. Sehr prominent hat man dies z.B. in den Jahren vor dem zweiten Weltkrieg gesehen in denen Hitler-Deutschland verschiedene Regionen, z.B. das Sudetenland, militärisch besetzt hat, ohne dass dies Konsequenzen hatte. Letztlich hat dies dazu geführt, dass Hitler den zweiten Weltkrieg beginnen konnte. Er rechnete wieder mit Erfolg. Auch in moderner Zeit gibt es solche Effekte und natürlich auch im kleineren Maßstab. Mobbing hört nicht auf, wenn man nachgibt.

In seinem Werk *Leviathan* beschreibt der englische Philosoph Thomas Hobbes einen Naturzustand des Menschen, den er als Krieg von jedem gegen jeden bezeichnet. Ohne das Vorhandensein eines Staates, der Regeln durchsetzen kann, regiert letztlich das Recht des Stärkeren. Auch mit einem Staat gibt es natürlich Menschen, die versuchen diese Regeln zu brechen, dann greift das Gewaltmonopol des Staates, der das Befolgen der Regeln erzwingt. Gäbe es diese Regeln und Behörden, die sie durchsetzen nicht, würde dies das Recht des Stärkeren bedeuten. Natürlich müssen diese Regeln auch Schutz vor Willkür durch den Staat beinhalten, sonst lebt man in einer Willkürherrschaft in der Wiederum das Recht des Stärkeren gilt, in dem Fall sind dann staatliche Akteure die Stärkeren. Es ist schon hier erkennbar, dass eine Wehrlosigkeit bzw. der fehlende Wille Regeln durchzusetzen, die zum Schutz aller Menschen existieren, keineswegs zu weniger sondern mehr Gewalt führten. Nicht selten sieht man Bilder aus Krisenregionen in denen staatliche Ordnung zusammengebrochen ist und es deshalb z.B. zu Plünderungen kommt. Hobbes' Beschreibung von der Natur des Menschen und des Staates scheint daher nicht falsch zu sein.

Emanuel Kant hat wesentlich zur Ethik beigetragen und das Kernelement seiner Moralphilosophie ist der *kategorische Imperativ*. Grob gesagt sind Handlungen, die gegen diesen verstoßen unmoralisch, z.B. weil sie sich gegen einen selbst richten. Es gibt verschiedene Formulierungen, eine einfache ist:

Handle stets so, dass Du wollen kannst, dass die Maxime Deines Handelns allgemeines Gesetz werde.

Schaut man sich die beiden diskutierten Maximen an, d.h. das Recht des Stärkeren und Pazifismus durch Aufgabe, bzw. Unterwerfung, so fällt auf, dass sie gegen den kategorischen Imperativ verstoßen. Das Recht des Stärkeren deswegen, weil es sich immer gegen einen selbst richten wird, denn spätestens Alter oder Krankheit werden dafür sorgen, dass man selbst nicht mehr der Stärkste ist. Ein Individuum kann nicht für ein Recht eintreten, das es selbst aller Rechte beraubt – schon alleine deswegen nicht, weil es das ja gar nicht kann, denn es hat ja nach seiner eigenen Auffassung keine Rechte, wenn es nicht das stärkste Individuum ist. Ergo kann es auch nicht für ein Recht des Stärkeren eintreten. Dies könnte nur das eine, stärkste Individuum, was aber seine Stärke verlieren wird. Das Recht des Stärkeren ist also ein moralischer Widerspruch, der sich immer gegen seine Anhänger wenden wird.

Pazifismus durch Aufgabe verstößt deswegen gegen den kategorischen Imperativ, weil es ja Gewalt und Unrecht zulässt und durch den Erfolg zu weiterer Gewalt ermutigt. Auf diese Weise wird also ein Widerspruch erzeugt, denn der vermeintliche Pazifismus durch Unterwerfung ist letztlich eine hinreichende

Bedingung für mehr Gewalt(herrschaft). Natürlich kann man, um nicht selbst vernichtet zu werden, kurzfristig mit Unterwerfung reagieren, eine dauerhafte oder friedensfördernde Maßnahme ist dies aber nicht.

Denkt man beides, also eine Umsetzung des Rechts des Stärkeren, bzw. einen Pazifismus durch Aufgabe zu Ende, so erhält man einen dauerhaften Kriegszustand. Da der „Stärkere" immer wechselt, z.B. wegen Alter, ist nie ein Endzustand erreicht, es sterben immer mehr. Letztlich sind alle ausgelöscht, bis auf die letzte Person, die dann alleine die Menschheit auch nicht bestehen lassen kann. Das gleiche gilt, wenn man bei Konflikt stets aufgibt.

Das Konzept, dass auf Konflikt nicht Aufgabe folgen darf, schlägt sich im Notwehrrecht nieder. Unsere Gesetze bzgl. Notwehr beruhen auf dem Notwehrrecht noch aus römischer Zeit in dem es hieß: Vim vi repellere licet. Dies wird häufig mit „Das Recht braucht dem Unrecht nicht zu weichen" übersetzt, wörtlich bedeutet es aber, dass Gewalt mit Gewalt zurückgedrängt werden darf. In unserem Notwehrrecht ist dies feiner ausgeführt, z.B. darf die Gewalt bei der Abwehr nicht beliebig sein, sondern es muss das mildeste, wirksame Mittel angewandt werden, aber der Grundgedanke ist der gleiche.

Eine weitere Formulierung des kategorischen Imperativs ist:

Handle so, dass du die Menschheit sowohl in deiner Person, als in der Person eines jeden anderen jederzeit zugleich als Zweck, niemals bloß als Mittel brauchst.

Lässt man Gewaltherrscher gewähren, reduziert man die beherrschten gerade zum Mittel der Macht und des Reichtums dieser Gewaltherrscher – in welchem Maßstab auch immer. Zerstörte man hingegen unnötig einen Angreifer, ist er nicht Zweck der Handlung, sondern nur Mittel, um z.B. meine Stärke und Kampfkraft zu demonstrieren.

Aikido bedeutet gerade nicht das Vermeiden von Konflikt durch Aufgabe oder willfähriges Nachgeben. Aikido ist die Kunst in einem Konflikt bei sich selbst zu bleiben, Emotionen wie Angst und Wut nicht nachzugeben und so einen Konflikt zu bewältigen. Mit Kampf konfrontiert findet man eine Lösung damit umzugehen, ohne sich in diesen Kampf so hineinziehen zu lassen, dass man selbst den Gegner zerstört, sondern seinen Angriff umleitet. Aikido richtet sich aber ganz klar und unbedingt gegen die zerstörerische Absicht des Angriffs. Anders als Menschen, die z.B. nur auf rohe Kraft zur Verteidigung vertrauen können oder auf andere zerstörerische Kampfmittel, erlaubt es Aikido einem zu entscheiden, nicht zerstörerisch zu agieren. Der Aikidoka ist nicht ausgeliefert, sondern kann entscheiden pazifistisch zu agieren. Aikido übt die Konfrontation mit Konflikt und Kampf ohne (Selbst-)Aufgabe zu bewältigen oder sich in diesem Kampf zu verlieren, z.B. durch Zanshin. Deswegen ist es aber auch so wichtig, dass z.B. Uke ernsthaft angreift und nicht einfach nur eine beliebige Bewegung ausführt. Angriffe und die eigene Reaktion darauf, müssen trainiert werden, damit man übt bei der Konfrontation mit Widerstand, mit Aggression bei sich zu bleiben und nicht instinktiv mit Kraft und Gegenaggression zu reagieren. Die Absicht ist hier entscheidend, sonst haben die Bewegungen keine Bedeutung und können erst Recht keine Bedeutung auf einer überlagerten Ebene haben.

Wenn man z.B. noch nie ein Messer in der Hand hatte, aber mit einem ungefährlichen Imitat den Umgang lernen will, wird das auch nur dann etwas für die spätere Tätigkeit lehren, wenn man das Imitat so behandelt als wäre es echt. Wenn ich Gemüse mit falschen Bewegungen schneide, weil das Messer ohnehin nicht echt ist, werde ich bei der Verwendung eines echten Messers wieder bei Null anfangen. Die Absicht ist also entscheidend.

Greet Angèle De Baets und Ellen Van Praet haben gezeigt, dass die Grundprinzipien der Harmonie, des Austauschs (De Baets, et al., 2022) und insbesondere das sensorische Training, aber auch die Qualität der Gelassenheit, des Zanshin, hilfreich sind (De Baets, et al., 2023), um insbesondere interkulturelle Verhandlungen im Geschäftlichen zu führen. Aufbauend darauf entwickeln sie eine Methode, um diese Prinzipien gezielt in Verhandlungstrainings zu lehren und üben zu können (De Baets, et al., 2023).

Linus Hagström und Niklas Bremberg (Hagström, et al., 2022) haben in einem Gedankenexperiment beschrieben, wie Aikidoprinzipien die Weltpolitik verändern und zu mehr Frieden führen können. Dabei haben sie festgestellt, dass dies in Teilen bereits passiert – gleichwohl unvollständig und unbewusst (wie ich vermute ausgehend von anderen Gedankenschulen, die aber ähnliche Prinzipien vertreten) – z.B. in bestimmten UN-Friedensmissionen (Hagström, et al., 2022). Sie identifizieren Selbstfürsorge in Kombination mit Empathie als Kernelemente von Aikido. Letzteres kann z.B. durch Entschuldigungen für verursachtes Leid, wie beispielsweise beim berühmten Warschauer Kniefall durch Willy Brandt, zum Ausdruck kommen und internationale Beziehungen verbessern. (Hagström, et al., 2022) Gegenseitige Sicherheitsgarantien können dabei der Selbstfürsorge dienen (Hagström, et al., 2022). Ich sehe darin auch eine Realisierung des Konzepts, dass ein Angriff sinnlos wird, wenn er gegen eine

Verteidigungsübermacht geführt wird, die, ganz ähnlich, wie das Ablenken der Angriffskraft von Uke, einen Angriff sinnlos macht.

Schon O-Sensei hat die Kunst des Friedens auch mit einer ökologischen Dimension versehen indem er zu Dankbarkeit gegenüber den Geschenken von Mutter Natur riet (Ueshiba, 2002 S. 56), obwohl ökologische Krisen zu seinen Lebzeiten nicht so prävalent und weltweit problematisch waren wie heute. Er setzt die Natur damit in eine Menge von Elementen, inklusive der menschlichen Existenz, die in Harmonie sein müssen, um die Existenz aller zu ermöglichen. Ein wesentliches Problem unseres Umgangs mit der Natur ist der Konsum von immer mehr, was zu Zerstörung führt. Wir wollen etwas mit Kraft beherrschen, ggf. um Unzulänglichkeiten auszugleichen, Dominanz als Ersatz für tatsächliche Sicherheit (s. auch S. 75f). Konsum gilt als Glücksgarant, dem man nachjagt – wenig nachhaltig, weswegen wir fortwährend mit Rabatten auf Produkte geködert werden, die wir ohnehin nicht brauchen, eigentlich unseren Bedürfnissen gar nicht entsprechen. Geborgenheit und Sicherheit gibt dies nicht. Schaut man sich auf der Welt um, fällt auf in Skandinavien sind die Menschen am glücklichsten (BDAE). Und das trotz der hohen Sozialabgaben. Trotz? Nein, wegen.

Die hohen Sozialabgaben ermöglichen eine Sicherheit, die auch dann noch besteht, wenn Menschen z.B. arbeitslos werden (ebenda). Weiter sind es ihre Freiheit und Autonomie und Einkommensgleichheit, die die Skandinavier glücklich machen. Sie können also in sich ruhen und sind um Harmonie bemüht, was wiederum Glück bringt. Die Möglichkeit des Konsums ist nachrangig – sie bringt ja auch kein Glück oder Geborgenheit. Eine Versteifung auf Konsum ist nicht nachhaltig, sie ist umweltschädlich und beraubt uns ggf. unserer Zukunft durch Zerstörung unserer Lebensgrundlagen, z.B. durch die Klimawandel oder Verlust von Biodiversität. Schon jetzt gibt es in China Regionen wo es keine Insekten zum Bestäuben gibt und Menschen dies von Hand machen müssen.

Ein Streben nach Nachhaltigkeit setzt vor allem voraus, dass man die Rechte anderer Lebewesen, insbesondere auch zukünftiger Menschen, anerkennt (Maiwald, 2023). Dies bedeutet Harmonie mit der Umwelt und gesamten Existenz. Disharmonie wird erzeugt, wenn man das menschliche Grundbedürfnis nach Sicherheit, auch wirtschaftlich-sozialer, nicht befriedigt. Dies führt zu Radikalisierung, z.B. durch Verarmung von Bevölkerungsschichten (Herschinger, et al., 2018). Gewissermaßen ist es erforderlich das gesellschaftliche Zentrum zu bewahren, was gelingt in dem man z.B. Einkommensungleichheit bekämpft, wirtschaftlich-soziale Absicherung schafft und Menschen empathisch behandelt. Harmonie als Konzept für eine Gesellschaft, die innerhalb sicher ist für die einzelnen Menschen, aber auch ökologisch nachhaltiger.

Zu guter Letzt sei noch auf einen Umstand hingewiesen, der vielleicht schmunzeln lässt. Aber Prinzipien des Aikido finden auch Eingang in die Populärkultur. Ja, natürlich, die gütigen Heldinnen und Helden sind stets schon Thema gewesen, also solche die empathisch gegenüber ihren Feinden waren. Aber insbesondere eine Geschichte, die dies nicht auf den ersten Blick erkennen lässt, weil es z.B. nicht um Samurai oder Ähnliches geht, bedient sich tatsächlich sehr deutlich fernöstlichen Elementen. Natürlich spreche ich von den Star-Wars-Filmen. Sehr offen hat sich deren Erfinder, George Lucas, fernöstlicher Philosophie und Kultur bedient. Figuren und Szenen sind z.B. dem Film „Die verborgene Festung" von Akira Kurosawa angelehnt. Aber auch das Konzept der Harmonie findet sich z.B. in seiner Präsentation der mystischen „Macht" wieder. Die teilt sich in eine helle und eine dunkle Seite, wobei die Anhänger der dunklen Seite den impulsiven Emotionen nachgeben und deren Anhänger nach Macht gieren. Die Anhänger der hellen Seite streben nach Harmonie und Gelassenheit. Ich habe noch nie gehört, dass George Lucas Aikidoka ist, aber Konzepte, wie Zanshin sind ihm offenbar ein Begriff gewesen.

Ausblick auf den weiteren Weg

Aikido hat für mich eine große Bedeutung im Leben gewonnen - aus verschiedenen Gründen. Es hilft mir bei der Persönlichkeitsentwicklung, gibt mir Freude, Bewegung, Erleben mit anderen und eine Philosophie einer wie ich es nenne wehrhaften Harmonie. Es ist ein Weg. Ein Weg, dessen Ende ich aber weder sehen kann, noch erwarte, geschweige denn herbeisehne. Im Gegenteil, jedes Training ist stets auf's neue spannend. Jedes Mal entdecke ich neue Facetten, die auch wieder meine Gedanken, mein inneres Aikido neu stimulieren. Ich kann erkennen, dass ich auf diesem Weg fortschreite und erlebe außerdem Sicherheit. Natürlich gibt es Hindernisse auf diesem Weg, mitunter auch welche, die von außen kommen. Das ändert aber nichts am Bestreben auf diesem Weg voranzukommen. Ein Baum erfährt in seinem Leben auch Widrigkeiten wie Dürre, Stürme, etc. und wächst trotzdem weiter. Mal weniger schnell, mal schneller. Aber er wächst.

Ebenso ist Aikido nie zu Ende, nie fertig, nie ausgelernt. Ich kann mir nicht vorstellen, dass ich einmal aufhöre mit Aikido, weil es mich langweilt. Die Prinzipien des Aikido zu erreichen sind ein Ideal, das mir aber auch Mehrwert über die eigentliche Kunst hinaus gibt. Es ist mehr als Technik, mehr als Sport oder Bewegung. Es ist eben ein Weg. Mein Weg. Ich freue mich auf die Teile des Wegs, die noch vor mir liegen, denn:

„Budo bedeutet kontinuierlichen Fortschritt und lebenslanges Üben."

Morihei Ueshiba, Art of Peace

NACHWORT UND DANKSAGUNG

In diesem Buch habe ich versucht meine Erlebnisse und Erfahrungen als Schüler des Aikido aufzuschreiben, damit andere einen Eindruck davon erhalten, was Aikido für mich bedeutet und somit allgemein bedeuten kann. Es ist ein Reisebericht in dem ich ein paar Sehenswürdigkeiten erwähne. Allerdings dürfte die spezifische Bedeutung des Aikido für jeden anders und besonders sein, wie jede Reise es ist, selbst wenn man den vermeintlich gleichen Weg geht.

Meine Reise ist auch bei weitem noch nicht zu Ende, schon alleine deswegen nicht, weil ich stets üben muss, die beschriebenen Konzepte auch wirklich zu verwirklichen. Abhängig von Tagesform und Gemütszustand gelingt dies mal mehr, mal weniger. Allerdings erkenne ich glücklicherweise einen Trend nach oben. Mein Interesse an Aikido ist ungebrochen und es ist schön zu sehen, dass es eine Entwicklung gibt. Was nicht bedeutet, dass ich nicht trotzdem ab und zu das trügerische Gefühl habe, gar nichts zu können. Dafür gibt es aber auch Tage an denen ich sehr deutlich spüre, dass dies nicht so ist.

In diesem Buch steckt mein eigenes Verständnis von dem wie ich Aikido erfahre, ggf. unter Zuhilfenahme von Gedanken anderer, aber vor allem natürlich vom Erleben von Aikido selbst und wie es mich gelehrt wurde und wird. Und dies wäre nicht möglich ohne den Beitrag vieler Menschen, manche von Ihnen Riesen auf deren Schultern ich stehen darf, um zu sehen, welcher Weg vor mir liegt und welchen ich schon gegangen bin.

Ich danke meinem Lehrer Rüdiger (8. Dan) für seinen geduldigen Unterricht, für das Beispiel von zutiefst beeindruckender Klarheit, Präsenz und Präzision und für die Zuversicht in mich, für Ermutigung und Anteilnahme. Ich danke Volker (4. Dan), der mir wichtige Impulse und Gedankenanregungen gegeben, neue Facetten in meinem Üben und Verständnis von Aikido gezeigt hat, besonders zu Beginn meines Wegs. Esther bin ich dankbar, dass sie mich vor langer Zeit zum Aikido mitgenommen hat.

Vielen Dank an alle Aikidoka des Vereins Aikido-Institut-Bremen e.V., die mir regelmäßig im Training ermöglichen Aikido zu üben und dabei manch einen meiner Fehler, mitunter buchstäblich, erleiden und mir so erlauben immer besser zu werden, auf meinem Weg voranzukommen. Dank gebührt auch allen anderen Aikidoka mit denen ich auf Lehrgängen oder im Urlaub in anderen Dojos üben durfte.

Und ich danke meiner über alles geliebten Frau, Inga, die mir stets zur Seite steht, durch dick und dünn, mich immer auf die kleinen, schönen Dinge aufmerksam macht und so oft bewundernswert in sich ruht und damit auch Ruhepol für mich ist.

GLOSSAR

Ai-hanmi	Seitlicher Stand, bei dem Uke und Tori die gleichen Beine vorne haben (n wird hier wie "m" gesprochen)
Aikidoka	Jemand, der Aikido übt
Arigato gozai-masu (mashita)	Vielen Dank! (u, bzw. i stimmlos, 2. Form für Vergangenes)
Ashi	Fuß, Bein
Atemi waza	Schlagtechnik
Bo-Ken	Holzschwert -> Ken
Chudan	Mittlere Höhe (z.B. bei Tsuki)
Dojo	Übungsort
Dori	Greifen, Griff, -> z.B. katate dori
Gaeshi	Umkehrschwung
Gedan	Untere Höhe (z.B. bei einem Schlag mit Schwert)
Gokyo	Fünfte Technik, Armschlüssel-Griff
Gyaku-hanmi	Seitlicher Stand, bei dem Uke und Tori das jeweils andere Bein vorne haben, d.h. wie im Spiegel (n wird hier wie "m" gesprochen)
Hai	Ja
Hara	Bauch, Zentrum, Mitte der Aikidoka
Hiji	Ellenbogen
Hiji dori	Ellenbogen greifen
Ikkyo	Wörtlich: Erste Technik, Armstreck-Griff
Irimi	In Partner eintreten, Schritt
Jiyu waza	Tori setzt frei gewählte Technik gegen vorgegebenen Angriff ein
Jodan	Obere Höhe (z.B. bei Tsuki)
Kaiten-nage	Drehwurf
Kamae	Haltung
Kata	Schulter
Katame waza	Haltetechnik
Katate dori	Greifen von einem Handgelenk
Katate ryote dori	Ein Handgelenk mit zwei Händen greifen
Ken	Schwert
Koshi	Hüfte

Koshi nage	Hüftwurf
Kote-gaeshi	Handgelenkwurf
Maai	Idealer Abstand (zwischen Uke und Tori)
Men	Kopf
Mune	Brust
Musubi	(empfundene) Verbindung, Kontakt zwischen Uki und Tori
Nage	Ausführender einer Wurftechnik
Nage waza	Wurftechnik
Nikyo	Zweite Technik, Armdreh-Griff
Obi	Gürtel
Omote	Vorne, vor Uke eintretend
Randori	Freier Übungskampf (Angriffe und Verteidigung sind beliebig)
Ryo	Beide
Ryote	Beide Händen
Ryote dori	Beide Hände greifen
Sankyo	Dritte Technik, Handdreh-Griff
Sensei	Lehrer
Shomen	Von vorne
Soto	Außen
Soto deshi	Äußerer Schüler: Ein Schüler, dem bestimmte Techniken vorenthalten werden; weniger enges Verhältnis zum Meister als -> uchi deshi
Tachi	stehend (beide Partner stehen bei tachi-waza)
Tanto	Messer
Te	Hand, Handgelenk
Tenchi nage	Himmel-Erde-Wurf
Tori	Ausführender einer Technik
Tsuki	Fauststoß (bei der Aussprache wird das u "verschluckt")
Uchi (ち)	Schlag
Uchi (内)	innen
Uchi deshi	Innerer Schüler: Schüler, die oft als Nachfolger eines Meisters trainiert werden und mit diesem zusammenleben und ihm zu Diensten sind
Udekemi nage	Armfixierungs-Wurf
Uke	Empfänger einer Technik

Ukemi	Fallschule
Ura	Hinten, hinter Uke eintretend
Ushiro	Hinten, von hinten (z.B. Angriff von hinten)
Waza	Technik
Yoko	Seite
Yonkyo	Vierte Technik, Armpress-Griff
Zanshin	Aufmerksamkeit, Präsenz im aktuellen Geschehen

LITERATURVERZEICHNIS

BDAE. Warum Skandinavier die glücklichsten Menschen der Welt sind. [Online] [Zitat vom: 1. Mai 2023.] https://www.bdae.com/journal/2022-warum-skandinavier-die-gluecklichsten-menschen-der-welt-sind.

Brand, Rolf. 1980. *Aikido - Lehren und Techniken des harmonischen Weges.* s.l. : Falken-Verlag, 1980.

De Baets, Greet Angèle und Van Praet, Ellen. 2022. Intercultural business communication competence: applying the aikido principle of oneness in a culture-general approach. Ghent, Belgien : Sociolinguistics Symposium 24 Ghent, 2022.

De Baets, Greet Angèle und Van Praets, Ellen. 2023. Harmony and common ground: Aikido principles for intercultural training. [Buchverf.] Istvan Kecskes. *Common Ground in First Language and Intercultural Interaction.* s.l. : De Gruyter Mouton, 2023.

Dioszeghy-Krauß, Viola. 2017. *Aikido - die liebevolle Kampfkunst - üben und lehren.* s.l. : Werner Kristkeitz Verlag, 2017.

Dolin, Alexander, Popow, German und Tolstikow, Wladimir. 1999. *Kempo - Die Kunst des Kampfes.* s.l. : Komet, 1999.

Hagström, Linus und Niklas, Bremberg. 2022. Aikido and World Politics. *European Journal of International Relations.* 2022, Bd. 28, 2.

Herschinger, Eva, et al. 2018. *Radikalisierung der Gesellschaft? Forschungsperspektiven und Handlungsoptionen.* s.l. : Peace Research Institute Frankfurt, 2018.

Jesse Enkamp. 2017. Karate by Jesse . *4 Powerful Mindsets of Traditional Karate.* [Online] 2017. [Zitat vom: 1. Mai 2023.] https://www.karatebyjesse.com/zanshin-mushin-shoshin-fudoshin/.

Lapp, Jennifer. 2023. Verhandlungstechniken: Das Harvard-Konzept einfach erklärt. *HubSpot.* [Online] 20. Januar 2023. [Zitat vom: 1. Mai 2023.] https://blog.hubspot.de/sales/harvard-konzept.

Levine, Peter A. 2010. *Sprache ohne Worte.* s.l. : Kösel, 2010.

Lind, Werner. 2001. *Das Lexikon der Kampfkünste.* s.l. : Sportverlag Berlin, 2001.

Maiwald, Volker. 2023. Frameworks of sustainability and sustainable development in a spaceflight context: A systematic review and critical analysis. *Acta Astronautica.* 2023, Bd. 204.

Rödel, Bodo. 2014. *Aikido Grundlagen - Techniken, Prinzipien, Konzeption.* s.l. : Meyer & Meyer Verlag, 2014.

Stahl, Stefanie. 2015. *Das Kind in dir muss Heimat finden.* s.l. : Kailash, 2015.

Stevens, John. 1999. *Invincible Warrior.* s.l. : Shambala, 1999.

Szabolcs, Zsuzsanna, Köteles, Ferenc und Szabo, Attila. 2017. Physiological and psychological benefits of aikido training: a systematic review. *Archives of Budo.* 2017, Bd. 13, 1.

Ueshiba, Moreihei. 2002. *Art of Peace.* [Hrsg.] John Stevens. s.l. : Shambala, 2002.

Westbrook, Adele und Ratti, Oscar. 1970. *Aikido and the Dynamic Sphere.* s.l. : Charles E. Tuttle Company, 1970.